U0582881

组织边界跨越能力对产学研合作创新绩效的影响研究

于东平　王敬菲◎著

RESEARCH ON THE IMPACT OF
ORGANIZATIONAL BOUNDARY SPANNING COMPETENCE ON
COOPERATIVE INNOVATION PERFORMANCE OF
INDUSTRY–UNIVERSITY–RESEARCH INSTITUTION

经济管理出版社
ECONOMY & MANAGEMENT PUBLISHING HOUSE

图书在版编目（CIP）数据

组织边界跨越能力对产学研合作创新绩效的影响研究/于东平，王敬菲著 . —北京：经济管理出版社，2022.10

ISBN 978-7-5096-8774-1

Ⅰ.①组… Ⅱ.①于…②王… Ⅲ.①组织管理—影响—产学研—体化—研究—云南 Ⅳ.①G640

中国版本图书馆 CIP 数据核字（2022）第 195357 号

组稿编辑：丁慧敏
责任编辑：丁慧敏
责任印制：张莉琼
责任校对：陈　颖

出版发行：经济管理出版社
　　　　　（北京市海淀区北蜂窝 8 号中雅大厦 A 座 11 层　100038）
网　　址：www.E-mp.com.cn
电　　话：(010) 51915602
印　　刷：唐山玺诚印务有限公司
经　　销：新华书店
开　　本：720mm×1000mm/16
印　　张：13.75
字　　数：210 千字
版　　次：2022 年 10 月第 1 版　2022 年 10 月第 1 次印刷
书　　号：ISBN 978-7-5096-8774-1
定　　价：88.00 元

前　言

市场竞争的日益激烈，使得企业自身资源越来越难以满足其发展壮大的需要，从而加大了对异质性资源的需求。为了解决上述问题，很多企业选择与高校及科研院所进行合作，通过产学研合作获取自身创新所需的异质性资源。而创新是源于跨越组织边界的合作与知识整合，企业开展产学研合作需要跨越各类组织边界去获取外部的知识和资源，因此组织边界跨越能力对产学研合作的开展发挥着关键作用。创新激情作为创新活动的一种情感性动机，也对产学研合作产生影响。

基于此，本书从企业这一研究视角出发，以云南省具有代表性的产学研合作企业为研究样本，研究了组织边界跨越能力、产学研合作创新绩效、创新激情三者间的关系。具体而言，首先，对各变量进行概念界定，回顾学界相关领域研究文献，并对其进行整理与分析。其次，基于相关理论提出研究假设，并在此基础上构建相关理论模型。最后，采用问卷调查法获取样本数据，并运用 SPSS 分析软件对获取到的数据进行整理与分析，逐一验证本书所提假设。本书共计发出调查问卷 300 份，最终累计回收 261 份，去除无效问卷 32 份，共计收回有效问卷 229 份。本书采用因子分析、相关分析、多元回归分析等方法对相关假设进行验证。最终，对回归结果进行讨论，并分别从组织边界跨越能力、创新激情方面为企业促进产学研合作创新绩效提供对策建议。依据本书实证结果，最终得出以下结论：①组织边界跨越能力的三个维度（网络能力、IT 能力、吸收能力）均对产学研合作创新绩效产生显著正向影响；②和谐型创新激情正向调节网络能力/吸收能力与产学研合作创新绩效间关系；③强迫型创新激情负向调节网络能力/吸收能力与产学研合作创新绩效间关系；④和谐型创新激情及强迫型创新激情在 IT 能力与产学研合作创新绩效间均不发挥调节作用。

理论方面，本书通过梳理组织边界跨越能力的相关文献，在此基础上对其进行概念界定及维度划分，最终将组织边界跨越能力划分为网络能力、IT 能力、吸收能力三个维度，对丰富组织边界跨越能力这一相关研究起到了一定的促进作用。同时，本书引入创新激情这一调节变量，将拓展产学研合作创新绩效前置变量的研究。实践方面，本书在创新驱动战略背景下，对组织边界跨越能力影响产学研合作创新绩效的机理进行研究，对提升云南省产学研合作创新绩效、增强自身竞争实力、构建产学研深度融合的创新体系具有真正的指导价值。

本书中的研究工作得到国家自然科学基金地区项目（项目编号：71764033，72264039）以及云南省"万人计划"青年拔尖人才专项的大力资助，在此表示衷心的感谢。本书初稿的撰写得到了研究生王庆生、殷静然、赵彤玥、邓凯心、高祥茂、陈九岳、黄静薇的大力支持，在此一并表示感谢。由于受时间与水平的限制，本书的不妥之处敬请各位读者不吝赐教、指正。

于东平

2022 年 5 月 20 日

目　录

第一章　绪论

第一节　研究背景及意义

一、研究背景

伴随着党的十八大创新驱动发展战略的提出，创新活动被摆在越来越重要的发展位置，众多企业积极贯彻这一发展战略，增强自身的创新实力。然而，日益复杂多变的市场环境使得自主创新成为企业面临的一个挑战，如何增强企业的创新能力引起各方关注（张秀峰等，2015）[①]。由于大部分企业自主创新能力较薄弱，创新所需资源较匮乏，为了解决这个问题，越来越多的企业选择开展产学研合作，充分利用合作方异质性资源，增强自身创新能力。之所以选择产学研合作创新，一方面，产学研既是落实国家创新驱动发展战略的关键突破口，也是建设以企业为主体、以市场为导向、产学研深度融合

---

① 张秀峰，陈光华，杨国梁，刘霞. 企业所有权性质影响产学研合作创新绩效了吗？[J]. 科学学研究，2015，33（6）：934-942.

的技术创新理论体系的重要着力点（薛澜等，2019）[①]。另一方面，产学研合作是汇集企业市场资源优势、高校人才聚集优势、科研院所应用研究优势的资源组合体，也是实现技术创新、科学研究与人才培养有机结合的黏合剂。综上所述，产学研合作有利于促进企业与高校及科研院所开展合作，增强自身创新竞争力，因而受到各方广泛关注。

传统理论认为，企业所拥有的资源能够形成自身竞争优势。受这一理论影响，企业往往通过自我研发来提升自身竞争实力，进而推动创新。然而，战略缺口理论却认为，企业完全依靠自身资源与能力所获得的业绩与其战略目标存在一定差距，没有一家企业能够拥有生产活动所需的全部资源和技术。此外，面对日趋激烈的竞争环境，企业必须通过持续创新才能扩大竞争优势。另外，技术的复杂性、不确定性及市场竞争的激烈性，使企业自身所拥有的资源及能力很难满足其创新活动的需求，独立创新能力面临巨大挑战（刘和东和钱丹，2016）[②]。因此，企业必须寻找更多外部合作创新，与科研院所和高校进行合作成为必然路径。作为增强企业创新实力的重要途径，产学研合作受到越来越多企业关注。

企业在参与产学研合作过程中，需要获得企业外部的知识和资源。而参与产学研合作的主体间存在组织上的距离，导致各种要素难以流转，组织边界由此产生。所以对企业来说，如何跨越与产学研合作的其他主体间界限，使各自所拥有的资源在各主体间持续流动并被合理利用，是提升产学研合作创新绩效的重要途径。增强其组织边界跨越能力，有利于促进资源在各创新主体间互相流动（邓春平等，2018）[③]。组织边界跨越能力越强，越能够帮助

① 薛澜，姜李丹，黄颖，梁正. 资源异质性、知识流动与产学研协同创新——以人工智能产业为例［J］. 科学学研究，2019，37（12）：2241-2251.

② 刘和东，钱丹. 产学研合作绩效的提升路径研究——以高新技术企业为对象的实证分析［J］. 科学学研究，2016，34（5）：704-712.

③ 邓春平，刘小娟，毛基业. 挑战与阻断性压力源对边界跨越结果的影响——IT员工压力学习的有调节中介效应［J］. 管理评论，2018，30（7）：148-161.

企业将外部资源整合到内部创新中（刘鹏程等，2016）①。然而，遗憾的是，学界有关组织边界跨越能力的研究（尤其是实证研究）相对匮乏，目前大多数研究关注于组织边界跨越活动或组织边界跨越载体。关于组织边界跨越能力与产学研合作创新绩效的实证研究更为缺乏。因此，组织边界跨越能力与产学研合作创新绩效之间的关系研究受到各界普遍关注。

技术和知识经济的快速发展，使得创新推动经济发展成为共识（商燕劼等，2019）②。近年来，一些学者开始将激情作为社会、组织行为的主要解释因素，激情受到学术界广泛关注（Cardon，2017）③。创新活动的不确定性特点，使得组织在进行创新活动的过程中可能遇到各式各样问题，创新激情能够影响组织的信息处理和决策过程，影响组织在处理困难和挑战时的集中度、主动性、自信心以及不断探索的勇气。创新激情属于一个较新颖的话题，目前关于创新激情的研究还处在探索阶段。创新激情的本质、创新激情如何测量、创新激情是否具有消极作用，这些问题都值得进一步探讨，从而指导相关理论构建，并推动创新活动的有效开展。

综上所述，本书基于创新驱动发展战略及产学研深度融合创新体系，结合参与产学研合作创新的主体间存在组织上的距离，导致各种要素难以流转的现实问题，以云南省具有代表性的产学研合作企业为研究样本，采用文献综述、问卷调查、实证研究等方法，尝试聚焦探索组织边界跨越能力各构成要素对产学研合作创新绩效产生的影响，以及创新激情各维度在组织边界跨越能力与产学研合作创新绩效之间扮演怎样的角色。研究结果将试图对提升云南省产学研合作创新绩效、增强自身竞争实力、构建产学研深度融合的创

---

①　刘鹏程，孙新波，张大鹏，魏小林．组织边界跨越能力对开放式服务创新的影响研究［J］．科学学与科学技术管理，2016，37（11）：136-151．

②　商燕劼，庞庆华，李晓峰．创新激情、知识分享意愿对员工创造力的影响——心理安全感的调节作用［J］．技术经济，2019，38（3）：8-16+121．

③　Cardon M S, Post C, Forster W R. Team entrepreneurial passion: its emergence and influence in new venture teams［J］. Academy of Management Review, 2017, 42（2）：283-305．

新体系提供真正的指导价值。

二、研究意义

本书从企业这一研究视角出发，拟选取云南省具有代表性的产学研合作企业问卷数据，运用实证研究法对组织边界跨越能力、产学研合作创新绩效、创新激情三者间的关系进行研究，逐一验证相关假设，并对结果进行分析与讨论，在此基础上为相关实践提供合理化建议，具有如下意义：

理论上，首先，对组织边界跨越能力的相关文献进行整理与分析，在此基础上进行组织边界跨越能力的概念界定及维度划分，从边界跨越动力、边界跨越载体、边界跨越者三种视角将组织边界跨越能力划分为网络能力、IT能力和吸收能力三个维度，有助于推动组织边界跨越能力的相关理论构建。其次，本书将引入创新激情作为调节变量，通过探讨创新激情在组织边界跨越能力对产学研合作创新绩效影响中的调节效应，拓展产学研合作创新绩效前置变量的研究。最后，将通过规范性实证研究法，验证本书所提假设，进一步深化对组织边界跨越能力、创新激情的理解，补充和扩展现有的产学研合作创新理论体系，在一定程度上为云南省企业产学研合作创新绩效的提升提供理论依据。

实践上，本书是在创新驱动发展战略背景下对产学研合作创新绩效进行研究，具有重要的现实意义。首先，将通过验证组织边界跨越能力的三个维度与产学研合作创新绩效间存在的关系，明确在何种条件、何种情境下组织边界跨越能力能够更加有效地发挥对产学研合作创新绩效的作用，进而推动企业产学研合作的有效开展。其次，探索创新激情在组织边界跨越能力与产学研合作创新绩效间扮演的角色，研究结论将有助于企业在进行产学研合作时进一步深化内部创新行为与创新活动，以提高产学研合作创新绩效。最后，本书立足于加快建设创新型国家的背景，对中国构建产学研深度融合的创新体系也具有一定的现实意义。

第二节　研究目的及目标

一、研究目的

党的十九届四中全会立足加快建设创新型国家全局，重申党的《十九大报告》关于"建立以企业为主体、市场为导向、产学研深度融合的技术创新体系"的总体要求。产学研既是落实国家创新驱动发展战略、攻克科技和经济"两张皮"实践"瓶颈"的关键突破口，也是"完善科技创新体制机制"系列部署中的关键环节（薛澜等，2019）。产学研合作创新，是企业、高校、科研机构以创新资源共享、优势互补为基础，以合作研发、利益共享、风险共担为原则，组合形成一段时期的利益共同体，共同开展科技创新、推进成果转化。在创新网络化背景下，企业作为创新的主体，其在参与产学研合作过程中，需要获得外部的异质性知识和资源。而参与产学研合作的主体因为性质的差别，必然存在组织上的距离，从而导致各方异质性资源难以流转，组织边界由此产生。

边界跨越能力能够促进组织间的知识转移和资源流动，也能够促进团队的绩效和创新。有效的边界跨越能够帮助组织将外部输入整合到内部的创新中。然而，组织边界跨越的文献往往关注于边界跨越活动或边界跨越媒介，而对于边界跨越能力的研究是稀缺的。因此，研究组织边界跨越能力由哪些要素构成以及探讨组织边界跨越能力对产学研合作创新绩效的影响作用是个较新的领域。基于此，本书将从边界跨越能力的构成要素出发，分别从边界跨越动力、边界跨越载体、边界跨越者三种视角，将组织边界跨越能力分为吸收能力、IT 能力、网络能力。目的是研究组织边界跨越能力的三个维度

（吸收能力、IT能力、网络能力）对产学研合作创新绩效的影响作用。

情绪作为行为的内驱动力，稳定和积极的情绪状态有助于创新行为的发生和创新绩效的提高。激情作为一个包含强烈情感和有意义的地位象征的概念受到学术界广泛关注。产学研合作创新的过程中，由于主体间的差异充满了太多的不确定性，产学研合作创新绩效不仅取决于三方主体组织边界跨越能力影响下的异质性知识与资源的流动效率，还取决于各方的创新激情意愿。基于此，本书基于自我决定理论（Ryan et al.，2021）将创新激情划分为和谐型创新激情和强迫型创新激情。目的是研究创新激情的两种维度（和谐型创新激情、强迫型创新激情）在组织边界跨越能力与产学研合作创新绩效之间扮演何种角色。

综上所述，本书将以云南省具有代表性的产学研合作企业为研究样本，采用理论演绎与实证研究相结合的方法，分析并验证组织边界跨越能力、产学研合作创新绩效、创新激情三者之间的关系，深入探讨组织边界跨越能力与创新激情交互效应对产学研合作创新绩效的影响。

二、研究目标

本书的具体研究目标如下：

一是对组织边界跨越能力、产学研合作创新绩效、创新激情等关键词进行分层次、分类别、分视角的文献综述，并总结已有研究文献的贡献及不足之处。将已有研究成果精炼总结到本书的理论基础，并结合本书的研究目标构建理论框架；突破已有研究局限性，探寻组织边界跨越能力、产学研合作创新绩效、创新激情三者关系的新视角、新途径、新维度。

二是结合已有研究成果对组织边界跨越能力、产学研合作创新绩效、创新激情等关键词所涉及的理论基础进行系统分析，并对已有组织边界跨越能力及创新激情研究成果进行再思考与再整合，从而将其划分为不同维度，以便更全面、更科学地研究三者间关系，最后对所涉及的相关概念进行科学界定。

三是提出考虑创新激情（具体包括和谐型创新激情和强迫型创新激情两个维度）调节作用的组织边界跨越能力（包括网络能力、IT 能力和吸收能力三个维度）与产学研合作创新绩效的关系假设，再根据所提假设构建解释变量、被解释变量、调节变量三者关系的理论假设模型。

四是基于实证研究范式（问卷设计→变量测量→小样本预测试→数据收集与样本描述→假设检验→稳健性检验→研究结果），通过收集相关问卷数据对所提研究假设分别进行实证验证，检验所提假设的正确性，并对可能存在不满足假设的情况作出科学说明，从而得到实证研究结果。

五是根据实证验证结果，首先得出组织边界跨越能力、产学研合作创新绩效、创新激情三者关系的研究结论，并对与假设不符的研究结论进行原因分析；其次对此研究可能带来的理论贡献及实践意义作出总结；最后发现并思考其中存在的问题，探索并确定未来研究的方向。

第三节　研究内容及方法

一、研究内容

本书通过对已有研究成果进行梳理与分析，并学习运用相关理论，从而建立研究理论模型，深入探讨组织边界跨越能力对产学研合作创新绩效的影响，以及创新激情在组织边界跨越能力与产学研合作创新绩效间扮演的角色。具体来说，本书的研究内容如下：

一是对相关文献进行整合归纳。本书对组织边界跨越能力、产学研合作创新绩效、创新激情等关键词进行文献回顾，为后续研究提供理论方面的基础，在此基础上指出已有研究的贡献与不足之处，从而提出本书的主要研究问题。

二是对组织边界跨越能力及创新激情进行维度划分。本书将通过对文献资料的整理分析，对组织边界跨越能力及创新激情进行合理、科学的维度划分，从而对研究问题进行聚焦，深入探讨两种变量的具体维度与产学研合作创新绩效间的关系。

三是基于相关理论合理演绎提出本书的假设。通过对前人研究成果进行系统整理，并基于动态能力理论、资源互补理论、组织边界理论、开放式创新理论、自我决定理论、自我调节理论、社会网络理论及自我效能感，梳理现有关于组织边界跨越能力、创新激情、产学研合作创新绩效的研究成果，并在此基础上提出本书的研究假设。

四是基于问卷数据对所提关系假设进行验证。本书将采用问卷调查法，结合云南省具有代表性的企业产学研合作数据，基于 SPSS 软件的实证分析对所提假设做出验证，以揭示组织边界跨越能力对产学研合作创新绩效的影响，以及创新激情在两者中扮演的角色，最终得出实证分析结果。

五是基于实证分析结果给出研究结论与启示，并总结研究的局限性及未来研究的方向。本书将结合实证分析结果得出组织边界跨越能力、创新激情、产学研合作创新绩效三者间的关系，并阐述理论和实践两个层面的贡献，最终回顾整个研究过程，发现不足以及未来可能的研究方向。

二、研究方法

（一）文献综述法

对文献进行综述是为了更好地了解学界关于该研究内容的相关理论与成果，为本书奠定良好的基础。为了系统探讨组织边界跨越能力对产学研合作创新绩效的影响，并进一步了解创新激情在组织边界跨越能力与产学研合作创新绩效间的作用，本书将采用文献综述法对其进行概述。一方面，通过对已有研究成果的梳理，找出已有研究的贡献，并发现已有研究的不足，在此基础上提出本书的研究内容，并进一步肯定本书的研究价值；另一方面，则从已有研究成果中找到本书研究内容的相关综述及理论支撑，对其进行整理，归纳出适用于本书的相关理论基础，并以此提出本书的研究假设。

（二）演绎推理法

演绎推理是从抽象理论到具体事实的过程。它是在观察和分析的基础上提出问题以后，通过推理和想象提出问题的假说，根据假说进行演绎推理，再通过实验检验演绎推理的结论。本书正是基于这一方法系统地提出研究假设，进而进行实验论证。首先，对相关文献进行梳理总结，归纳出本书所涉及的理论基础。其次，基于总结出的理论基础进行合理性推演，进而提出本书的理论假设。最后，进行规范性的实证检验，验证所提假设的正确性。

（三）问卷调查法

问卷调查法是对本书所提假设进行实证检验的需要，也是本书获取第一手数据的主要方法。根据本书的研究需要，将选取云南省具有代表性的产学研合作企业进行问卷调查。问卷主要采取面对面、电子邮件、邮寄等方式发放，并及时收回。为了确保最终问卷数据的可靠性，本书针对不同企业性质、规模等开展了前期小样本预调查，及时发现问题并进行适当修改，以保证问卷具备良好的信度与效度。调查问卷包括企业网络能力、IT 能力、吸收能力、和谐型创新激情、强迫型创新激情、成果性绩效、成长性绩效、企业成立年限、企业性质、企业规模、企业研发人员数量、企业平均研发强度、企业产学研合作的持续时间等相关题项。

（四）定量分析结合定性分析法

定量分析一般用数字语言进行描述，更加科学，具有说服力与可信度；定性分析一般用文字语言进行描述，重点在于发掘研究对象的性质，分析探讨出产生的原因，结论较为主观。因此，运用定量与定性相结合的方法将能更加科学地得出结论，研究结论的信服度及科学度也将提高。本书在检验组织边界跨越能力、创新激情、产学研合作创新绩效三者间的稳健性时，充分运用定量与定性相结合的方法。由于本书在进行实证验证时，利用的是产学研合作创新绩效中的成果性绩效，该指标是通过具体的数字来衡量，是一种定量指标；因此，在进行稳健性检验时，我们将成果性绩效替换为成长性绩效，该指标更关注组织的成长发展，在问卷中更多体现在主观判断类题项，是一种定性指标。

（五）小样本检测法

小样本检测法实际上是一种"预调试"。在利用问卷数据做实证研究时，是指在正式实证环节开始之前通过对部分问卷数据进行测试，观察数据的可靠性。虽然本书所涉及相关变量的题项是借鉴国内外较为成熟的量表，并在听取专家意见的基础上，以问卷形式进行测量。但在特定环境下，量表仍可能存在一些不合理的地方，因此对设计的问卷进行小样本预测试检验是有必要的，以便及时发现量表中的问题，并对所出现的问题进行适当的修正，保证本书调查问卷的合理性和可靠性。

（六）变量替换法

变量替换法在稳健性检验方面具有权威性，通常是指用替换因变量或者主要的自变量来进行各变量间的稳健性检验。本书为了保证研究结果的稳健性，采用变量替换法来进行稳健性检验。由于实证环节中的产学研合作创新绩效用成果性绩效这一指标进行衡量。因此，本书将因变量产学研合作创新绩效中成果性绩效指标替换为成长性绩效指标，以此来检验组织边界跨越能力的三个维度（网络能力、IT能力、吸收能力）、创新激情、产学研合作创新绩效三者关系的稳健性。

（七）实证研究法

实证研究法是指先提出理论假设，再用相关数据对所提假设加以检验的一种方法，重视对客观事实的描述。本书通过问卷调查法获取相关数据作为研究样本，用实证研究法筛选并处理相关数据、对所提假设逐一进行验证。首先，本书采用克朗巴哈系数对变量内部一致性进行测量，检验数据信度；采用 KMO 检验分析法和近似卡方检验法对样本进行探索性因子分析；采月标准化因子载荷、平均方差萃取值及组合信度来分析样本收敛效度；使用 SPSS 分析软件对各变量进行验证性因子分析，检验其区分效度。其次，采用 Pearson 相关系数矩阵检验变量之间的相关性。最后，运用层次回归分析法验证各变量之间的关系。

第四节　研究结构及路线

一、研究结构

本书由前言、六个章节、附录，参考文献、后记五大部分构成，具体研究结构及各部分内容详述如下：

前言部分从研究背景、研究过程、研究意义三个层面对本书的问题提出、问题分析、问题解决作出简要的全局性概括。

第一章至第六章是本书的主要研究内容，各章节按照规范性的实证研究脉络展开，各章节之间环环相扣，逻辑清晰，每章节具体结构安排如下所述。

第一章为绪论，阐述了本书的主旨及内容，对本书作出总结以引出研究话题。此章分为五节，依次为研究背景及意义、研究目的及目标、研究内容及方法、研究结构及路线、主要创新点。

第二章为相关文献综述，是通过整合本书主题特定领域中已经被思考过与研究过的信息，并将与本书相关的权威学者所做的努力进行系统的展现、归纳和评述，进而在此过程中发现问题并提出问题。首先，此章节围绕本书的主题从四个部分展开阐述，依次为组织边界跨越能力相关研究综述、产学研合作创新绩效相关研究综述、创新激情相关研究综述、文献述评。其次，对组织边界跨越能力相关研究综述部分进行分解细化，具体包含组织边界跨越能力内涵综述、组织边界跨越能力维度及测量综述、组织边界跨越能力结果变量综述三个分支；将产学研合作创新绩效相关研究综述部分细分为产学研合作内涵综述、产学研合作创新绩效测量综述、产学研合作创新绩效前因变量综述三个分支；创新激情相关研究综述也将从激情及创新激情内涵综述、创新激情维度及测量综述、创新激情的作用机制综述三个方面展开。最后，组织边界跨越能力内涵综述将被再细化为组织边界的内涵及组织边界跨越的内涵两小节；组织边界跨越能力维度及测量综述被剖析为吸收能力的内涵与测量、IT 能力的定义与测量及网络能力的定义与测量三小节；产学研合作创新绩效测量综述也被分为成果性绩效和成长性绩效两小节；创新激情维度及测量综述又被分为创新激情维度综述和创新激情测量综述两小节；创新激情的作用机制综述同样被分为创新激情的前因变量相关研究综述、创新激情的结果变量相关研究综述及创新激情的其他作用机制相关研究综述三小节。

第三章为理论分析与研究假设，介绍与本书主题相关的理论基础，并在理论分析基础上进行相关概念的界定，以及通过演绎推理提出本书的假设。首先，此章分为四节，依次为理论基础、相关概念界定、组织边界跨越能力与产学研合作创新绩效的关系假设、创新激情的调节作用假设；其中，前两节为理论分析，后两节为研究假设提出。其次，理论基础部分将从动态能力理论、资源互补理论、组织边界理论、开放式创新理论、自我决定理论、自我调节理论、自我效能感以及社会网络理论八个方面阐述；相关概念界定将从组织边界跨越能力（包含网络能力、IT 能力、吸收能力）、创新激情及产学研合作创新绩效三个关键词展开；组织边界跨越能力与产学研合作创新绩效的关系假设将从网络能力与产学研合作创新绩效的关系假设、IT 能力与产学研合作创新绩效的关系假设、吸收能力与产学研合作创新绩效的关系假设三个层面提出；创新激情的调节作用假设将从和谐型创新激情的调节作用假设及强迫型创新激情的调节作用假设两个层面提出。

第四章为研究设计，详细阐述了实证环节前期准备工作的具体做法，从而验证第三章所提研究假设的正确性。首先，此章将从研究设计的四个具体步骤展开，依次为问卷设计、变量测量、小样本预测试、数据收集与样本描述。其次，问卷设计由调研对象的选择、问卷设计过程及问卷结构三部分构成；变量测量部分将对解释变量、被解释变量、调节变量以及控制变量四种变量进行深度刻画；为保证本书调查问卷的合理性而进行的小样本预测试是有必要的，此步骤将从小样本预测试方法及小样本预测试结果两方面论述；数据收集与样本描述包括数据收集、描述性统计分析、信效度分析及相关性分析四部分内容。

第五章为实证结果与分析，将采用回归分析来验证本书中各变量间的关系，从而得出研究假设的正确性。此章分为三节，依次为假设检验、稳健性检验、研究结果。其中，假设检验将从网络能力、创新激情与产学研合作创新绩效，IT能力、创新激情与产学研合作创新绩效，吸收能力、创新激情与产学研合作创新绩效三个层面进行论证。稳健性检验将采用变量替换法对研究结果的稳健性进行检验。研究结果将根据上述验证环节验证所提假设的正确性，并对不成立假设作出说明。

第六章为结论与展望，是对本书作出的总结性概括。此章分为三节，依次为研究结论、研究启示、研究局限与展望。其中，结论部分根据前期大量研究工作总结得出，将从组织边界跨越能力对产学研合作创新绩效的影响作用以及创新激情的调节程度两大中心论点展开；研究启示将按照学术规范从理论贡献及实践启示两个层面阐述；研究局限与展望将通过梳理本书整个过程及各项工作节点，发现并思考其中存在的问题，探索并确定未来研究的方向。

附录部分是本书中不宜放在正文中，但有参考价值的内容，也是本书不可或缺的部分，具体包含附录 A、附录 B、附录 C。其中，附录 A 是预测试调查问卷；附录 B 是正式调查问卷；附录 C 是多重共线性与自相关性检验。

参考文献是本书的重要组成部分，也是完成本书的"助推器"和"加油站"。本书按中英文顺序进行系统罗列。

后记简单介绍了本书的写作历程。

二、研究路线

综合上述研究内容及研究方法，本书采取"文献综述→理论分析与研究假设→实证分析与检验→结论与展望"的技术路线开展相关研究工作。其中，技术路线图中的左侧路径是本书的论证结构，按照"提出问题（是什么）—分析问题（为什么）—解决问题（怎么办）"的逻辑思维过程，即引论、本论、结论。中间路径是本书主要内容的研究脉络，按照实证文章的规范开展。首先是绪论和文献综述，相当于引论部分，即通过观察、归纳、思考实际背景和现有研究，从中发现问题并解决问题。其次是进行组织边界跨越能力影响产学研合作创新绩效的机理分析以及提出假设，相当于本论部分，即结合现有理论基础进行演绎推理进而提出研究假设，是分析问题的重要环节。最后是实证分析与检验及结论与展望，相当于结论部分，即对所提假设进行实证检验，根据实证研究结果得出本书结论，是解决问题的环节。右侧路径为各部分主要研究内容列述。首先，绪论部分将从五个小节进行系统、全面的阐述。其次，文献综述将围绕本书的三个核心变量进行分层次、分类别、分视角的归纳。再次，机理分析重点围绕本书中的组织边界跨越能力及创新激情两个前因变量对产学研合作创新绩效的影响展开论述；根据三个变量的机理分析，再结合基础理论提出本书中的九个假设。最后，依照规范化的实证分析流程，从问卷设计、数据收集、研究方法、结果与讨论展开论述，从而得出本书的结论。具体如图 1.1 所示。

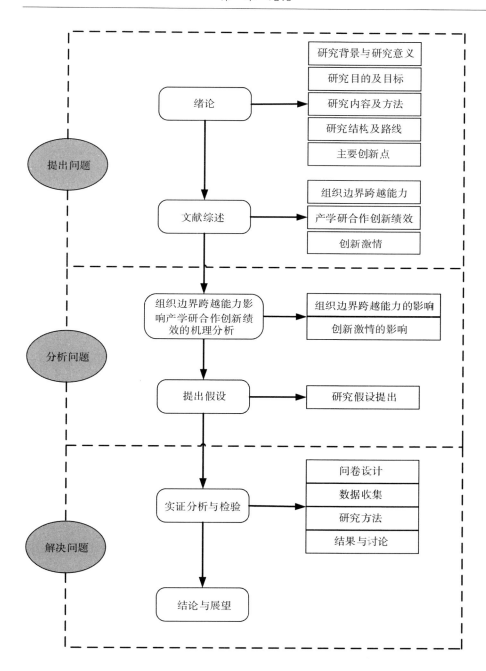

图 1.1　技术路线图

综上所述，本书六章的内容分布与内在逻辑按照以问题为线索，以探究为方式，以解决为目标的技术路线展开。首先，以问题为探索即提出问题阶段，对应本书中第一章至第二章；其次，以探究为方式即分析问题阶段，对应本书中第三章；最后，以解决为目标即解决问题阶段，对应本书中第四章至第六章。

第五节　主要创新点

第一，研究主题较为新颖。首先，以往研究多倾向于探索跨界搜寻和企业创新绩效二者间的关系，很少有研究关注组织边界跨越能力，关于组织边界跨越能力和产学研合作间的关系更是少有学者研究。考虑到通过跨界所获得的外部资源对提升企业创新能力的积极作用，产学研合作成为企业增强持续竞争优势的重要途径，这表明，将二者进行结合是非常有必要的。其次，企业在执行跨越边界功能时，表现出边界跨越能力，这种能力可以使他们加强与外部的交流，充分获取外部资源和知识，促进跨边界合作和创新。已有研究较少对组织边界跨越能力影响产学研合作创新绩效的情感因素进行细致的洞察，而在组织行为学中，情绪是工作绩效的一个关键成分。因此，本书另辟蹊径地引入创新激情这一情感因素变量研究其对产学研创新绩效的影响，无论变量的选取还是研究视角都较为新颖。这将有助于我们认清组织边界跨越能力的作用边界，丰富该研究领域的相关文献。

第二，从综合视角，对组织边界跨越能力的内涵进行界定并对其构成要素进行划分。以往关于组织边界跨越能力的研究往往只从一个方面展开。考虑到企业面临的环境日益复杂多变，与其他组织间存在的边界也日益多样化，需要的组织边界跨越能力也日益综合化。因此从单一角度对组织边界跨越能力进行界定，在一定程度上并不能合理反映实际情况。针对上述研究的局限性，本书在已有研究的基础上，试图从综合角度出发，对组织边界跨越能力的内涵进行科学界定；并基于边界跨越动力、边界跨越载体、边界跨越者三种视角将其划分成网络能力、IT能力、吸收能力三个维度；以便聚焦分析每种维度对产学研合作创新绩效的影响。

第二章　相关文献综述

第一节　组织边界跨越能力相关研究综述

边界跨越活动有利于组织获得对自身有用的资源，进而增强自身创新能力。组织执行边界跨越时往往表现出边界跨越能力。关于组织边界跨越能力，本书主要从内涵、维度、结果变量方面展开综述，并在此基础上提出本书对于组织边界跨越能力的定义。

一、组织边界跨越能力内涵综述

（一）组织边界的内涵

20 世纪 50 年代，组织学家逐渐开始以开放视角来看待组织，并且广泛关注边界，组织边界依照组织目标有效实现来设置和界定（屠兴勇，2012）[①]，是组织核心差别的体现（Prahalad，1990；Teece，1997）。

基于组织边界概念研究，在威廉姆森《资本主义经济制度》一书中最早

---

① 屠兴勇. 知识视角的组织：概念、边界及研究主题 [J]. 科学学研究，2012，30（9）：1378-1387.

出现组织边界概念，认为其是架构与交易理论分析基础上的企业规模边界（Herve & Alain，2010）①。传统组织边界纵向集成于组织产品或服务价值量，它通过一个清晰和稳定的边界来经营组织，表现为控制、规模、专业化等（屠兴勇，2012）。企业以寻找交易成本最低点确定界限，以实现内部生产和市场交换（Coase，1937；Williamson，1975）②③，表现为长期生产成本曲线上的最低点。学者对组织边界的研究重点集中于企业边界。杨锐等（2011）④按照使用权的逻辑，将企业的边界界定为：每个企业的界限。王庭东和韩斌（2001）⑤认为，企业的边界可以无限大。邵学峰和杨圣奎（2007）⑥认为，企业边界具有两个特征：动态性和模糊性。Thompson（1967）⑦认为，每一个组织（系统）都有自己的活动"领域"，组织边界就是把自身与外界环境分隔开来的"界限"。在较为封闭的组织系统中，组织边界可能相对较为固定和不可渗透，但大多数组织是一个开放性系统，它们既依赖于与环境之间的交换，又嵌入环境并由环境建构。因此，组织边界不只是具有分隔环境的功能，还具有可渗透性。根据 Kast 和 Rosenzweig（1970）⑧的理解，组织边界既要执行"缓冲功能"，使组织免受环境影响的干扰从而维护组织的自主性和独立性，也要发挥"过滤作用"，对（环境的）投入和（组织的）产出进行筛选。

---

① Herve Dumez, Alain Jeunemaitre. The management of organizational boundaries：A case study［J］. Management，2010，3（10）：151-171.

② Coase R H. The nature of the firm［J］. Ecomomica，1937（a）：405-437.

③ Williamson O E. Markets and hierarchies：analysis and amtitrust implications［M］. New York：The Free Press，1975.

④ 杨锐，张时乐，芮明杰. 基于关键资源视角的垂直网络组织及治理机制［J］. 中国工业经济，2011（7）：44-53.

⑤ 王庭东，韩斌. 论企业的合理边界——兼析对微软公司的分析［J］. 经济问题，2001（2）：44-46.

⑥ 邵学峰，杨圣奎. 企业边界：静态决定模型及动态演变［J］. 税务与经济，2007（5）：17-22.

⑦ Thompson J D. Organizations in Action［M］. New York：Mc Graw-Hill，1967.

⑧ Kast F E & Rosenzweig J E. Organization and management：a systems and contingency approach［M］. New York：McGraw-Hill，1970.

　　基于组织边界动态性研究，在一般组织理论中，组织边界被视为一个变化的概念，它会随着时间的推移而变动①，也会随着企业利润预期的变化而导致经营和管理范围变化（Hayek，1945）②。Coase（1973）作为最早研究企业边界问题的经济学家，将交易成本引入经济学分析，认为企业的存在归因于市场运行的交易成本，因为企业形成的目的是减少市场交易成本，以实现交易的内部化转移，当市场交易成本高于企业组织成本时，企业边界扩大。Tasdoven（2016）③发现，组织越是能与变化着的环境适配，越能获得更多的环境力量支持；组织越是无法与环境适配，越容易走向失败。企业基于知识的学习与传播而不断更新组织认知，其自身的组织边界也在随之发生改变，其变化取决于不同经济主体实践和定位的差异性（Dosi，1994；Foss，1997）。Quinn认为全球需求、知识密集型员工、各种技术的交叉性以及组织创新激励四种力量的日益增长牵引组织边界的变化。而企业的边界也取决于组织所拥有的知识，取决于知识的有效传递、整合和创造（Alachian，1972；Kogut，1992）。企业建立在核心能力之上，竞争的不断演化导致核心能力的不断变化，因而企业边界发生了变化（田也壮和方淑芬，2001）④。

　　基于组织边界分类研究，屠兴勇（2012）和Rajsherr Agarwal et al.（2004）⑤从组织知识视角将组织边界分为四种类型：①组织边界关系取决于专用型问题，反映最优化企业知识的动机；②组织边界界定要限制组织知识，因此知识的公共品特性会导致"搭便车"问题；③组织边界取决于知识作为

　　① Freeman J H. The unit of analysis in organizational research [C]. Environments and Organizations. San Francisco，CA：Jossey-Bass，1978：335-351.
　　② Hayek F. The use of knowledge in society [J]. American Economic Review，1945（35）：519-530.
　　③ Tasdoven H A. Theoretical approach to organizational failure：predisposition of public organizations to organizational failure [J]. Journal of Social Science，2016，23（1）：57-70.
　　④ 田也壮，方淑芬. 组织边界及部门间边界机理研究 [J]. 系统工程学报，2001，15（4）：389-393.
　　⑤ Rajshree Agarwal et al. Knowledge transfer through inheritance：spin-out generation，development，and survival [J]. The Academy of Management Journal，2004，47（4）：501-522.

一种能力而产生沟通成本的优化；④组织边界要保护创造知识而产生的特定投资以及避免"敲竹杠"问题的影响。相应地，阿什肯纳斯等（2005）①、屠兴勇（2012）和 Rajshree Agarwal et al.（2004）也从组织本身的表现形式视角将组织边界分为垂直边界、水平边界、外部边界（机制边界）、地理边界四种，其中垂直边界是企业内部不同人员间层级的界限，表现为在金字塔式组织架构下的层级、权力和控制；水平边界指各职能领域、各生产单位的界限；外部边界（屠兴勇和 Rajsherr 命名为机制边界）指企业与供应商、客户、政府及社区等存在的障碍；地理边界指不同国家、地区、市场以及文化的界限。本书所要探讨的组织边界，即企业、高校、科研院所之间的边界，是水平边界的一种。

（二）组织边界跨越的内涵

资源基础理论指出，独特的资源和能力是企业持久竞争优势的源泉。为了能够在风云变幻的市场中站稳脚跟，企业需要打通自身与外界之间的资源和信息通道。Ancona 和 Bresman（2007）② 指出，即使是分工明确、目标清晰、成员努力、认真负责的团队，也无法依靠"单兵作战"的传统模式，仅依赖团队内部资源与能力在当今残酷的市场竞争中长久立足。跨越边界可以获取更多信息、资源，从而激发更多创新（钟竞等，2019）③。团队学习理论指出，当团队内部创新缺乏所需资源时，团队成员更需要主动参与外部试错学习获取新知识，与外部成员交换新资源来实现团队目标，有效激活团队动态能力，从而促进新产品开发绩效的提升（Ancona 和 Caldwell，1992）④，跨

---

① 阿什肯纳斯，尤里奇，吉克等．无边界组织［M］．姜文波，等译．北京：机械工业出版社，2005.

② Ancona D G & Bresman H. X-teams：how to build teams that lead，innovate and succeed. Boston，MA：Harvard Business School Press，2007.

③ 钟竞，朱欣欣，罗瑾琏．团队跨边界行为与新产品开发绩效：设计创新能力的中介效应［J］．科技进步与对策，2019，36（8）：75-82.

④ Ancona D G，Caldwell D F. Bridging the boundary：external activity and performance in organizational teams［J］．Administrative Science Quarterly，1992，37（4）：634-665.

界行为往往激发了团队内部交流的良好互动循环（Marrone，2010）[1]。

企业需要走出限制自身成长的"小圈子"，与外界形成良好的信息互动，并把从外界获取的东西转化为自身可以利用的知识与资源。Lehtonen 和 Martinsuo（2008）[2] 认为边界跨越是将一个组织及其环境连接起来和协调边界的任务。Marrone et al.（2007）[3] 将组织边界跨越描述为"旨在与外部参与者建立关系和互动的行为，目的是帮助一个团队实现其总本目标"。Joshi et al（2009）[4] 将边界跨越概念化为集合的、团队层面的现象，因此涉及团队及其外部环境之间的关系，从而使整个团队实现其总体目标。杜荣等（2012）[5] 将组织边界跨越定义为：与其他组织建立关系，搭建组织间知识流通和信息传递的桥梁，促进组织间交流与合作的一系列活动。Du（2013）[6] 认为，边界跨越是包含重要的外部利益相关者的外部活动的集合。

基于组织边界跨越概念，学者将边界跨越行为定义为网络各成员组织间建立联系和管理交互的行为（Marrone，2010），Choi（2002）认为其是通过促进团队内部与外界间的双向流动，有效交互组织内外行为和交换资源，帮助团队获得更多创新行为，是一种外部导向为主体进行的创新活动（Marrone et al.，2007），能够带来外部有价值的资源，如技术创新、项目反馈、外部支持等（钟竞等，2019）。Ancona 和 Caldwell（1992）将边界跨越行为分为

---

① Marrone J A. Team boundary spanning：a multilevel review of past research and proposals for the future [J]. Journal of Management，2010，36（4）：911-940.

② Lehtonen P，Martinsuo M. Change program initiation：Defining and managing the program-organization boundary [J]. International Journal of Project Management，2008，26（1）：21-29.

③ Marrone J A，Tesluk P E，Carson J B. A multilevel investigation of antecedents and consequences of team member boundary-spanning behavior [J]. Academy of Management Journal，2007，50（6）：1423-1439.

④ Joshi A，Pandey N，Han G H. Bracketing team boundary spanning：An examination of task-based，team-level，and contextual antecedents [J]. Journal of Organizational Behavior，2009，30（6）：731-759.

⑤ 杜荣，冯俊崇，厉敏. 边界跨越对 IT 外包绩效影响的实证分析 [J]. 中国管理科学，2012，20（4）：177-184.

⑥ Du W，Pan S L. Boundary spanning by design：Toward aligning boundary-spanning capacity and strategy in IT outsourcing [J]. Engineering Management，IEEE Transactions on，2013，60（1）：59-76.

使节行为、侦查行为、任务协调行为和防卫行为。Brion 等将边界跨越行为分为协调外部参与方、搜索信息和想法、获得政治支持以及保护组织 4 类。徐启雄等（2022）[①] 将边界跨越行为分为任务协调行为、信息搜索行为和使节行为，其中任务协调行为指成员组织间为完成任务而进行的协作、协调和协商等行动；信息搜索行为指成员组织间从其他组织或外部环境中获取信息、知识和技能的行动；使节行为指网络组织为保护本组织而采取的劝说其他组织支持本组织决策、游说其他组织以获得资源支持以及吸收外部干扰和压力的行动（Marrone，2010；Ancona 和 Caldwell，1992；Anat Drach－Zahavy，2010）。

有关组织边界跨越，学术上尚未有统一的定义。联系组织边界跨越行为内涵，并参考和借鉴学者观点，本书将组织边界跨越定义为：为了获取单靠组织自身无法取得的资源，通过与其他组织建立协作协调协商关系，搭建组织间知识与信息传递的平台，从而寻求资源支持和完成资源的转移，并达成各自绩效目标的一系列活动。

（三）组织边界跨越能力的内涵

任何组织间都存在边界，边界的存在打破了组织与外部环境间的连续性，使得组织在一定程度上减少受外部环境影响带来的不确定性。边界理论认为，组织应管理好与其他组织的边界，既能够使自己免受外来因素的干扰，必要时还能够跨越组织边界获取自身所需的关键资源（Aldrich 和 Herker，1977）。在跨越组织边界时，企业需要具备各种能力，如资源配置、信息处理、维持自身形象、处理外部关系、知识消化与吸收等（Friedman 和 Podolny，1992）。边界跨越能力能够促进组织间的知识转移和技术开发，促进团队绩效和创新

---

① 徐启雄，贾广社，胡毅，王雪莹. 重大工程项目网络边界跨越行为及其绩效影响机制研究——项目能力的中介作用 [J]. 软科学，2022，36（3）：9-15.

能力（Andersen et al.，2013）①，帮助组织实现外部整合和内部创新（刘鹏程等，2016）；具备良好的组织边界跨越能力，也能使组织打破原有边界，加强与外界的交流与合作（Zhang et al.，2011）。

关于组织边界跨越能力，学界尚未有统一的定义。Levina et al.（2005）认为，所谓边界跨越能力，是组织在跨越边界时所需要的一种能力，这种能力根植于实践，帮助其跨越与其他组织的边界，开展各种活动，取得良好的业绩；Koch et al.（2010）将组织边界跨越能力描述为动态的，且这种动态能力表现为内部和外部多种能力的集合体；其中，内部分析能力是指组织自身所拥有的技术、知识、资源等能力；外部分析能力是指组织非自身的外部洞察力、关系处理能力等；欧阳桃花等（2012）则认为，组织边界跨越能力指的是面对日益激烈的竞争环境，组织能够积极应对，并从中获取对自身有益的资源的能力。

因此，本书认为，所谓组织边界跨越能力，指的是组织在执行边界跨越活动时所具备的能力，它是一种由多种能力构成的综合能力。

二、组织边界跨越能力维度及测量综述

考虑到组织在执行边界跨越活动时，往往离不开边界跨越者、边界跨越载体和边界跨越动力（Kimble，2010；欧阳桃花等，2012）。基于上述研究，本书在对组织边界跨越能力进行维度划分时，从边界跨越者、边界跨越载体和边界跨越动力三方面展开：

（1）基于边界跨越者的视角，将人作为主要的分析单元，与外部参与者建立关系和互动，主要表现为网络能力是一种组织边界跨越能力（刘鹏程

---

① Andersen P H，Kragh H，Lettl C. Spanning organizational boundaries to manage creative processes：The case of the LEGO group［J］. Industrial Marketing Management，2013，42（1）：125-134.

等，2016）。网络能力可以将企业与其他参与者联系起来（Zhang et al.，2011）①，是跨越组织边界的关键因素，有助于企业执行边界跨越活动（欧阳桃花等，2012）。Kodama（2007）通过对松下电器的案例进行分析，认同网络能力是一种边界跨越能力的观念，它能够通过对网络中资源的有效整合和利用，推动组织进行边界跨越活动；能够增进组织与外界的联系，进而促进边界跨越活动（Viswanathan et al.，2011）；有利于企业跨越制度边界和社会边界（任胜钢，2014）②。吴悦等（2012）在研究产学研协同创新时发现组织通过建立关系网并对此进行维护，实现了边界跨越，因此网络能力就是一种组织边界跨越能力。

（2）基于边界跨越载体的视角，表现为 IT 能力是一种组织边界跨越能力。从资源基础观出发，Jonsson et al.（2009）③ 关注企业自身的内部能力，认为信息技术（IT）能力可以实现组织边界跨越，对企业跨越各种类型的边界获取有用的资源至关重要；郭瑞杰（2011）以海尔集团为研究案例，指出 IT 能力能够帮助其跨越组织边界，为企业创造价值；欧阳桃花等（2012）④ 认为，IT 能力有助于促进企业实现组织边界的全面跨越，是提升自身竞争实力的关键所在。

（3）从边界跨越动力的视角分析，表现为吸收能力是跨界能力的一个组成部分。Huang et al.（2001）⑤ 指出，为了跨越组织边界，企业需要具备吸

---

① Zhang C，Viswanathan S，Henke J W. The boundary spanning capabilities of purchasing agents in buyer-supplier trust development [J]. Journal of Operations Management，2011，29（4）：318-328.

② 任胜钢，舒睿. 创业者网络能力与创业机会：网络位置和网络跨度的作用机制 [J]. 南开管理评论，2014（1）：123-133.

③ Jonsson K，Holmström J，Lyytinen K. Turn to the material：Remote diagnostics systems and new forms of boundary-spanning [J]. Information and Organization，2009，19（4）：233-252.

④ 欧阳桃花，丁玲，郭瑞杰. 组织边界跨越与 IT 能力的协同演化：海尔信息系统案例 [J]. 中国工业经济，2012（12）：128-140.

⑤ Huang J C，Newell S，Pan S L. The process of global knowledge integration：A case study of a multinational investment bank's Y2K program [J]. European Journal of Information Systems，2001，10（3）：161-174.

收知识的能力。Lane（2001）[①] 研究表明，吸收能力帮助其跨越与外国合作伙伴之间的知识边界，并通过实证研究表明，吸收能力使得他们能够更加有效地理解、吸收和应用对方掌握的新知识。Enkel 和 Heil（2014）[②] 在研究跨行业创新时指出，吸收能力有助于跨越行业间的知识边界，更高的吸收能力允许企业与跨行业的外部合作伙伴合作。Chen et al.（2010）[③] 和 Rothaermel（2009）[④] 在研究中也暗示了吸收能力是一种边界跨越能力。屠兴勇（2012）认为，企业跨越组织边界，就是为了从外部获取知识，并加以消化和吸收，用于自己的生产和经营活动；同样地，Huang（2001）的研究表明，企业要想打破边界获取外部知识，自身必须具备对知识加以消化吸收的能力；Escribano et al.（2009）和 Lane（2001）指出，企业具备越高的吸收能力，越能灵活地处理外部知识。面对外部新知识，企业往往能够进行有效收集、高效领会、及时整合，并能以最快的速度加以吸收，将其融合到现有知识中，发挥外部知识应有的作用。李贞和杨洪涛（2012）在研究中指出，吸收能力越高，越有助于企业对外界知识进行整合，从而为企业创造出持续的竞争优势。从以上学者的研究中可看出，吸收能力是一种组织边界跨越能力。

综上所述，学界基于不同研究视角对组织边界跨越能力给出了不同描述。然而，魏小林（2015）[⑤] 认为，组织边界跨越能力应是包括网络能力、IT 能力、吸收能力的一种综合能力；持相同观点的还有刘鹏程等（2016），他们

---

① Lane P J, Salk J E, Lyles M A. Absorptive capacity, learning, and performance in international joint ventures [J]. Strategic Management Journal, 2001, 22 (12): 1139–1161

② Enkel E, Heil S. Preparing for distant collaboration: Antecedents to potential absorptive capacity in cross-industry innovation [J]. Technovation, 2014, 34 (4): 242–260.

③ Chen J, Mc Queen R J. Knowledge transfer processes for different experience levels of knowledge recipients at an offshore technical support center [J]. Information Technology & People, 2010, 23 (1): 54–79.

④ Rothaermel F T, Alexandre M T. Ambidexterity in technology sourcing: The moderating role of absorptive capacity [J]. Organization Science, 2009, 20 (4): 759–780.

⑤ 魏小林. 组织边界跨越能力对 KIBS 企业开放式服务创新的影响研究 [D]. 沈阳：东北大学，2015.

认为，组织边界跨越能力是一种综合能力，应分为网络能力、IT能力和吸收能力三个维度，而不单指某一方面的能力。本书将学界研究进行了整合，并借鉴魏小林（2015）和刘鹏程等（2016）的观点，认为组织边界具有多样性，因而所需的组织边界跨越能力也应是多种能力的综合，本书最终将组织边界跨越能力划分了三个维度：网络能力、IT能力、吸收能力。

（一）吸收能力

（1）吸收能力的内涵。吸收能力起源于熊彼特主义经济理论关于研发活动和技术创新对经济增长作用的研究。Cohen和Levinthal（1990）[①] 引申到企业吸收能力，定义为企业识别、消化及利用外部新知识的能力，以及预测产业技术机会的能力（Cohen和Levinthal，1994）。Van et al.（1999）提出以效率、范围和灵活度，分别衡量吸收能力的成本、知识的广度和重组知识的能力。随后，知识的来源和动态过程等融入企业吸收能力。綦良群和高文鞠（2020）[②] 基于知识管理视角，认为吸收能力是组织对知识的反应和知识与创新的转化。刘钧霆等（2022）[③] 将吸收能力引入企业战略管理研究中，将吸收能力概括为企业学习、模仿和利用外来技术的能力。吸收能力能够处理新的外部信息，也能够在跨组织创新活动中转移必要知识（Bosch et al.，1999）[④]，因此对企业创新绩效有提升作用（Kostopoulos et al.，2011；Tsai，

①　Cohen W M, Levinthal D A. Absorptive capacity: a new perspective on learning and innovation [J]. Administrative Science Quarterly, 1990, 35 (1): 128-152.

②　綦良群，高文鞠. 区域产业融合系统对装备制造业创新绩效的影响研究——吸收能力的调节效应 [J]. 预测，2020，39 (3): 1-9.

③　刘钧霆，张欣童，佟继英. 文化距离、吸收能力与出口贸易技术溢出——基于跨国数据的实证 [J]. 企业经济，2022，41 (3): 123-132.

④　Bosch F A, Volberda H W, Boer M D, 1999. Coevolution of firm absorptive capacity and knowledge environment: Organizational forms and combinative capabilities [J]. Organization Science, 10 (5): 551-568.

2001)①②。Zahra 和 George（2002）③、Jansen（2005）④ 把知识吸收能力划分为潜在和实际两种吸收能力，前者侧重于对外部知识的寻找和消化，更加强调知识的收集过程，注重与外部知识源的渠道沟通与获取途径以及企业内部的理解和分析；后者则侧重于新知识和已有知识的转化和利用，强调在充分理解新知识的基础上，将新知识和已有知识合理整合并加工，使其转变为企业自身能够完全掌握的知识并加以应用。Lewin et al.（2011）⑤ 将吸收能力分为内部知识的创造、转化、研发过程和外部知识的获取、转化和研发过程。

（2）吸收能力的测量。学术界对于企业吸收能力的测量并没有形成统一、合理的方法。目前主要有两种：①使用前因变量作为代理变量测量企业吸收能力；②将企业吸收能力作为实质变量，采用量表直接测量。

Cohen 和 Levinthal（1989）⑥ 提出使用公司研发水平来衡量企业吸收能力，代理变量主要包括专利个数、研发强度和信息技术管理等。但是，研发中重要的专利个数并不能反映研发的多维度概念，使用研发中专利个数会低估企业吸收能力。员工技能、公司沟通能力和经营经验均可能源于企业吸收

① Kostopoulos K, Papalexandris A, Papachroni M, et al. Absorptive capacity, innovation, and financial performance [J]. Journal of Business Research, 2011, 64 (12): 1335-1343.

② Tsai W. Knowledge transfer in intraorganizational networks: effects of network position and absorptive capacity on business unit innovation and performance [J]. Academy of Management Journal, 2001, 44 (5): 996-1004.

③ Zahra S A, George G. Absorptive capacity: a review, reconceptualization, and extension [J]. Academy of Management Review, 2002, 27 (2): 185-203.

④ Jansen J J P, Van Den Bosch F A J, Vokberda H W. Managingpotential and realized absorptive capacity: how do organizational antecedents matter? [J]. Academy of Management Journal., 2005, 48 (6): 999-1015.

⑤ Lewin A Y, Massini S, Peeters C. Micro foundations of internal and external absorptive capacity routines. [J]. Organization Science, 2011, 22 (1): 81-98.

⑥ Cohen W M, Levinthal D A. Innovation and learning: the two faces of R & D [J]. Economic Journal, 1989, 99 (3): 569-596.

能力（Flattene et al.，2011）①。吴小康和于津平（2018）②、曹平等（2022）③采用企业生产率作为吸收能力的代理变量。崔敏和魏修建（2016）④从人力资本、制度因素、研发比重、城市化率、贸易开放度、技术差距和综合变量七个方面来代理吸收能力。朱俊杰和徐承红（2017）⑤基于区域视角对吸收能力的度量从经费投入、人力资本、区域开放、基础设施、知识传导、政府治理六个方面展开。刘钧霆等（2022）使用创新能力、人力资本和贸易开放程度作为吸收能力的代表。

在发现使用代理变量的不足后，量表形式得到了应用。阿热孜古力等（2022）⑥基于 Jansen et al.（2005）的研究，以潜在吸收能力（8 个题项）和实际吸收能力（6 个题项）两种类别为基础设定量表。孙婧（2013）⑦采用了 Jansen et al.（2005）的量表对中国高新技术企业的吸收能力进行衡量。Flatten et al.（2011）基于 1990～2007 年管理学期刊和未公开发表的研究，整理出公司行为或管理层特征，将其作为企业吸收能力的直接测量变量。Lowik et al.（2016）⑧采用量表形式对团队吸收能力和团队成员个人吸收能

① Flatten，Tessa C，et al. A measure of absorptive capacity：scale development and validation ［J］. European Management Journal.，2011（29）.

② 吴小康，于津平. 产品关联密度与企业新产品出口稳定性［J］. 世界经济，2018，41（7）：122-147.

③ 曹平，肖生鹏，林常青. 产品关联密度、吸收能力与中国企业创新［J］. 技术经济，2022，41（1）：12-23.

④ 崔敏，魏修建. 吸收能力与技术结构双重机制下服务业国际溢出效应研究［J］. 数量经济技术经济研究，2016（2）.

⑤ 朱俊杰，徐承红. 区域创新绩效提升的门槛效应——基于吸收能力视角［J］. 财经科学，2017（7）：116-128.

⑥ 阿热孜古力·吾布力，杨建君，吕冲冲. 关系学习、知识探索与产品创新性——潜在和实际吸收能力的调节作用［J］. 科技管理研究，2022，42（5）：170-178.

⑦ 孙婧. 企业吸收能力与技术创新关系实证研究［D］. 长春：吉林大学，2013.

⑧ Lowik S，et al. The team absorptive capacity triad：a confi gurational study of individual，enabling，and motivating factors ［J］. Journal of Knowledge Management，2016，20（5）.

力进行测量。参考孙骞和欧光军（2018）[①] 的研究，李晏和杨保军（2022）[②] 基于识别能力、吸纳能力、应用能力三个方面设计问卷对吸收能力进行测量。简兆权等（2018）[③] 从知识获取能力、消化能力、转化能力和应用能力4个维度共12个题项来测量吸收能力（见表2.1）。

表 2.1　吸收能力的测量题项

序号	变量	题项	文献来源
1	吸收能力	能够快速识别市场机会和外部资源	郭尉（2016）；邢乐斌等（2021）[④]
		能够利用自设能力快速获取外部资源	
		能够快速将自身技术知识与外部资源有效整合	
2	识别能力	企业与网络成员经常互动、关系密切	孙骞和欧光军（2018）；李晏和杨保军（2022）
	吸纳能力	企业及其员工识别目标资源后纳入储存企业知识库以备企业发展所用	
	应用能力	企业能识别收集促进企业发展的关键核心资源并应用到核心部门	
3	潜在吸收能力	我们与合作伙伴进行频繁的沟通，从中掌握信息	Jarsen et al（2005）；阿热孜古力·吾布力等（2022）
		我们的员工经常访问合作伙伴	
		我们通过非正式渠道（如同行在餐桌上交流）进行交互	
		我们定期邀请顾客和第三方参加专门会议	
		我们的员工定期咨询专家，如会计、管理和税务顾问	
		我们能够较快地认识市场上（如竞争、法规、政策）的变化	
		我们能够较快地了解服务客户的机会	
		我们能够较快地分析和理解变化的市场需求	

---

① 孙骞，欧光军．双重网络嵌入与企业创新绩效——基于吸收能力的机制研究［J］．科研管理，2018（5）．

② 李晏，杨保军．网络嵌入、吸收能力与企业绩效——基于甘宁青老字号企业的实证研究［J］．管理现代化，2022，42（1）：117-122．

③ 简兆权，曾经莲，柳仪．基于吸收能力调节中介作用的外部组织整合与新服务开发绩效研究［J］．管理学报，2018，15（9）：1327-1336．

④ 邢乐斌，任春雪，曾琼．开放度组合策略与创新绩效类型匹配关系研究——吸收能力的调节效应［J］．科技进步与对策，2021，38（1）：18-25．

序号	变量	题项	文献来源
3	实际吸收能力	我们能够较快地实现外部技术知识的合并	Jansen et al. (2005)；阿热孜古力·吾布力等（2022）
		我们能够较容易地从外部新知识中抓住机会	
		我们能够定期开会商讨客户的新需求和相应的新产品开发	
		我们都清楚地知道企业内部的创新活动如何开展	
		我们经常讨论如何更好地应用外部获取的知识	
		关于我们的产品和服务员工有共同的语言	
4	知识获取能力	定期讨论市场发展趋势和新产品开发事宜	李晏和杨保军（2022）；钱锡红等（2010）①；简兆权等（2018）
		密切跟踪新产品/新服务的市场需求变化	
		能快速识别外部新知识对公司是否有用	
		很难从外部新知识中获得对公司发展有利的机会（反向题）	
		员工会主动学习并积累未来可能用到的新知识	
	消化能力	员工很少分享实践经验（反向题）	
		员工经常参观其他企业	
		为获取新知识经常与其他企业进行交流	
		员工通过非正式渠道获取业内信息	
		其他企业与我公司的交流很少（反问题）	
	转化能力	经常与第三方机构交流，如会计师事务所、咨询公司等	
		定期与顾客或第三方机构组织活动来获取新知识	
		我公司经常推敲如何更有效地应用知识	
		我公司推行新产品/新服务存在一定的困难（反问题）	
		我公司各部门有清晰的责任分工	
	应用能力	员工对公司产品和服务有共同话题	
		我公司对顾客的抱怨视而不见（反向题）	
		员工都清楚公司各项活动应如何执行	
		能够快速分析和理解变化的市场需求	
		员工比较擅长把外部新技术吸纳到公司内部	
		能快速理解外部技术/服务忌语	
		对于市场变化反应比较迟钝（反问题）	

① 钱锡红，杨永福，徐万里．企业网络位置、吸收能力与创新绩效——一个交互效应模型[J]．管理世界，2010（5）：118-129．

（二）IT 能力

（1）IT 能力的定义。IT（信息技术）能力强调了信息技术作为企业的一种基础能力与竞争优势来源的途径。Ross et al.（1996）提出 IT 能力（Information Technology Capability）明确概念，认为其是控制与 IT 相关的成本以及通过实施 IT 来影响组织目标方面的能力。Bharadwaj（2000）[①] 认为 IT 能力是组织基于自身 IT 资源的运用和配置，实现其他资源的整合能力，将其分为 IT 基础设施、IT 人力资源和 IT 无形资产。张嵩和黄立平（2003）[②] 研究战略 IT 能力，认为其属于一种社会复杂惯例，能够调用和部署企业 IT 资源以获取持续竞争优势。况志军（2005）[③] 同样认为 IT 能力属于一种惯例，它是动态的，能够根据环境变化，利用组织内部资源设计、获取、发布和维护 IT 有关的系统，从而获得可持续竞争优势的能力。吴晓波等（2006）[④] 定义 IT 能力为：企业调动、配置和应用 IT 资源促进其组织发展、获取竞争优势的能力。Tippins 和 Sohi（2003）[⑤] 定义 IT 能力是企业熟练、有效地使用 IT 管理企业信息的水平。马艳峰和王雅林（2006）[⑥] 提出 IT 能力是为获取竞争优势，对 IT 资源进行管理、控制、协调，发挥资源共同作用以影响 IT 效果和组织目标。Bipat et al.（2018）[⑦] 基于荷兰小型非营利组织的信息技术能力和组织绩

① Bharadwaj A S. Aresource-based perspective oninfor-mation technology capability and firmperformance：An em-pirical investigation [J]. MIS Quarterly，2000，24（1）：169-196.

② 张嵩，黄立平. 战略 IT 能力的内涵剖析 [J]. 情报杂志，2003，22（4）：33-35.

③ 况志军. 基于动态能力视角的 IT 能力与持续竞争优势研究 [J]. 科技进步与对策，2006（10）：115-117.

④ 吴晓波，胡保亮，蔡荃. 运用 IT 能力获取竞争优势的框架与路径研究 [J]. 科研管理，2006（5）：53-58.

⑤ Tippins M J，Sohi R S. IT competency and film performance：is organization all earning a missing link [J]. Strategic Management Journal，2003（24）：745-761.

⑥ 马艳峰，王雅林. 基于 IT 能力的企业信息化非技术影响因素研究 [J]. 商业研究，2006（13）：59-63.

⑦ Bipat S，Sneller L，Visser J，et al. Understanding the relation between information technology capability and organizational performance [J]. Information and Knowledge Management Systems，2018，48（2）：255-276.

效之间的关系，将信息技术能力概念化为四种不同的信息技术能力：信息技术整合能力、员工信息技术能力、关系信息技术能力和技术信息技术能力。Bakan（2017）[①] 将信息技术能力分为信息技术基础设施、信息技术业务经验、信息技术关系资源和信息技术人力资源。信息技术基础设施包括通信技术，公司可以通过不同的功能共享信息，并对市场的变化做出反应。信息技术业务经验是一种整合信息技术战略和业务战略的能力，信息技术关系资源是将信息技术职能与业务单位和信息技术资源相关联的能力。此外，信息技术人力资源代表一种组织资源和能力。Grant（1991）[②] 对信息技术能力进行如下分类：①有形资源，即包括物理信息技术基础设施组件；②人力信息技术资源，包括技术和管理信息技术技能；③无形的信息技术资源，如知识资产、客户导向和协同作用。丁秀好和武素明（2020）[③] 在实证研究中参考 Stoel 和 Muhanna（2009）、Wade 和 Hulland（2004）的研究，将信息技术能力划分为内部 IT 能力与外部 IT 能力，其中，内部 IT 能力指能够实现成本最小化、为企业提供可靠产品和优质服务的 IT 资源、信息和知识等；外部 IT 能力指能够帮助企业了解掌握消费者和供应商需求的 IT 资源、信息和知识等。

（2）IT 能力的测量。基于 Wade 和 Hulland（2004）、Stoel 和 Muhanna（2009）等学者的研究，丁秀好和武素明（2020）将 IT 能力从内部 IT 能力和外部 IT 能力两个方面进行测量，内部 IT 能力的测量主要从信息技术对企业内部商业过程活动的支持来进行。迟嘉昱等（2013）[④] 在衡量 IT 能力时，也

---

① Bakan I, Sekkeli Z H. Types of information technology capability and their impacts on competitiveness [J]. Research Journal of Business and Management, 2017, 4 (2): 212-220.

② Grant R M. The resource-based theory of competitive advantage: implications for strategy formulation [J]. California management review, 1991, 33 (3): 114-135.

③ 丁秀好, 武素明. IT 能力对开放式创新绩效的影响：知识整合能力的中介效应 [J]. 管理评论, 2020, 32 (10): 147-157.

④ 迟嘉昱, 孙翎, 徐晟皓. 基于 PLS 的构成型 IT 能力量表设计与检验 [J]. 中大管理研究, 2013, 8 (1): 31-49.

将测量题项分为内部和外部 IT 能力两类，主要关注了外部 IT 能力。Kostopoulos et al.（2011）[1] 和 Ray et al.（2005）[2] 基于 IT 基础设施、IT 人力资源和 IT 激活的无形资产三个维度设置 IT 能力测量的量表，包含 10 个题项。姚山季等（2013）[3] 主要研究 IT 基础设施、IT 技术能力、IT 人员能力变量，参考 Ravichandran 和 Lertwongsatien（2005）的研究，为 IT 基础设施设计 5 个题项；借鉴 Byrd 和 Turner（2000）[4]、Patrakosol（2006）的研究，为 IT 技术能力和 IT 人员能力分别设计了 3 个和 4 个测量条目。谢卫红等（2015）[5] 参考焦豪等（2008）从 IT 基础资源、IT 关系资源和 IT 体系惯例三个维度测量 IT 能力。殷国鹏和陈禹（2007）[6] 将 IT 能力的构成维度分为 IT 战略能力（ITS）、业务与 IT 协调能力（BIA）、IT 管理技能（ITM）、IT 技术资源（BP）4 个一级维度以及 8 个二级维度（见表 2.2）。

表 2.2　IT 能力的测量题项

序号	变量		题项	文献来源
1	外部 IT 能力	外部 IT 技术能力	IT 外包商在我们行业的信息建设领域有丰富的成功实践经验	迟嘉昱等（2013）
			IT 外包商有很强的自主研发或二次开发能力	

① Kostopoulos K, Papalexandris A, Papachroni M, et al. Absorptive capacity, innovation, and financial performance [J]. Journal of Business Research, 2011, 64（12）: 1335-1343.

② Ray G, Muhanna W A, Barney J B. Information technology and the performance of the customer service process: A resource-based analysis [J]. MIS Quarterly, 2005, 29（4）: 625-652.

③ 姚山季，金晔，王万竹. IT 能力、界面管理与顾客创新 [J]. 管理学报，2013, 10（10）: 1528-1534.

④ Byrd T A, Turner D E. Measuring the flexibility of information technology infrastructure: exploratory analysis of a construct [J]. Journal of Management Information Systems, 2000, 17（1）: 167-208.

⑤ 谢卫红，成明慧，王田绘，王永健. IT 能力对企业吸收能力的影响机理研究——基于 IT 治理的视角 [J]. 研究与发展管理，2015, 27（6）: 124-134.

⑥ 殷国鹏，陈禹. 基于资源观的企业 IT 能力理论及实证研究 [J]. 南开管理评论，2007, 10（1）: 26-31.

续表

序号	变量		题项	文献来源
1	外部IT能力	外部IT管理能力	IT外包商在复杂的IT项目管理中做得很好	迟嘉昱等（2013）
			对于企业的IT问题，外包商可以在很短的时间内过来提供服务	
			IT外包商在IT外包项目中投入了足够的人员	
	内部IT能力	内部IT基础设施	计算机硬件设施能很好地满足企业的需求	
			网络通信设备能很好地满足企业的需求	
			企业应用软件能很好地满足企业的需求	
			数据库系统能很好地满足企业的需求	
		内部IT人力资源	IT人员具有较强的专业技能	
			企业的信息技术支持人员充足	
			IT人员熟悉企业的业务流程	
			IT人员制订IT计划的能力强	
			IT的评估和控制系统能力强	
		内部IT无形资产	IT部门同业务管理层保持紧密联系	
			IT经理和业务经理经常性地就业务和技术决策问题交换意见	
			企业的IT方针在企业上下、各个部门都能保持一致	
			IT应用组合能与企业的业务流程协调一致	
			IT决策相关人员对IT如何提高企业价值有着清楚的理解	
			我们由跨领域人才组成的小组将技术与商业技能很好地融合起来	
			我们与顾客存在着基于IT的紧密联系	
			我们与合作伙伴存在着基于IT的紧密联系	

续表

序号	变量	题项	文献来源
2	内部 IT 能力	信息系统部门能够及时为其他部门提供相应的技术支持	
		信息系统有利于企业各部门之间分享信息	
		信息系统有利于企业提供良好的产品或服务	
		信息系统有利于企业员工之间分享信息	
		信息系统有利于减少企业运营成本	
	外部 IT 能力	信息系统能够帮助企业有效获取合作伙伴信息	
		信息系统有利于企业对合作伙伴进行管理	
		信息系统有利于企业与合作伙伴之间的相互沟通	
		信息系统有利于企业与合作伙伴之间行为的协调	
		信息系统极大地方便了外界对企业产品或服务等相关信息的获取	
3	IT 基础设施	拥有标准的 IT 组件	Ravichandran 和 Lertwongsatien（2005）；Byrd 和 Turner（2000）；Patrakosol（2006）；姚山季等（2013）
		IT 系统是模块性的	
		IT 系统可以满足当前的业务需要	
		不同 IT 平台之间可以兼容	
		IT 设备和人员数量可以满足业务变化需要	
	IT 技术能力	总体上，我们的 IT 设备性能令人满意	
		与竞争对手相比，我们拥有更为先进的 IT 设备	
		我们的 IT 设备可以便利地处理各类电子数据	
	IT 人员能力	能够开发出合适的技术解决方案	
		在建议可行的 IT 解决方案上非常有技巧	
		可以很好地进行 IT 系统的日常运营维护	
		可以与业务部门进行很好的沟通和协调	

续表

序号	变量			题项	文献来源
4	IT 战略能力（ITS）			IT 部门的负责人在企业管理层中的级别	殷国鹏和陈禹（2007）
				IT 战略是否有效地支持了企业的业务战略	
				企业高级管理层是否参与 IT 战略的开发及修改	
	业务与 IT 理解能力（BIA）	业务部门的 IT 理解能力（BIAM）		企业高级管理层是否将 IT 作为获取竞争优势的潜在工具	
				企业高级管理层与 IT 部门负责人的沟通、交流情况	
				企业的业务/职能部门的管理层是否将 IT 作为提高业务运作效率的工具	
		IT 部门的业务理解能力（BIAT）		企业的重大 IT 应用项目由业务部门与 IT 部门共同决策制定	
				IT 部门负责人对企业业务发展战略是否有清晰认识	
				IT 部门负责人是否参与企业业务战略的制定	
				IT 部门管理层对企业的流程（如销售、生产、采购、财务等）的熟悉程度	
				IT 部门在组织企业业务部门信息化培训方面的工作情况	
	IT 管理技能（ITM）	IT 项目管理技能（PM）		项目整体规划	
				项目需求调研及变更控制	
				项目预算及成本控制	
				项目的进度控制	
				项目的质量控制	
				项目的人员配置及管理	
		IT 运营管理技能（OM）		IT 部门员工日常忙于解决信息系统运行中出现的各类问题	
				IT 部门在网络及应用系统安全性方面的管理情况	
				IT 部门是否监控 IT 系统的性能，并与业务部门沟通、视情况进行优化和改进	
				IT 部门对于系统日常故障的处理是否由专门人员按程序处理并分析改进	
				IT 部门在业务持续计划、数据备份、灾难恢复等方面做得如何	

续表

序号	变量	题项		文献来源
4	IT 技术资源（BP）	运营流程（BFO）	库存/物资管理	殷国鹏和陈禹（2007）
			生产计划管理	
			采购/供应管理	
		支持流程（BPS）	汇集电算化	
			办公自动化（OA）	
			人力资源管理	
		外部流程整合（IOS）	网上销售（与下游的电子化实现程度）	
			网上采购（与上游的电子化实现程度）	
			企业内、外部流程的一体化集成度	

（三）网络能力

（1）网络能力的定义。随着网络组织的兴起，企业创新网络的管理变得越发重要。网络能力的概念由 Hakansson 在 1987 年首次指出，他认为网络能力是企业在对外部网络机会和价值进行识别之后，开发、维持及利用各个层次的网络关系来获得资源和信息的能力[1]。Ritter 和 Gemünden（2003）[2] 指出网络能力是企业对组织关系的一种管理，企业在维护网络关系的同时也获取相应资源、改善网络位置，使企业处于优势地位。Knight（2016）[3] 认为企业维护网络能力的目的是通过对关系的管理获取网络资源。Bao 和 Hua（2017）补充了对网络能力的认识，他在研究中指出网络能力不仅是对关系的管理，还体现在对网络运行机制的管理。徐金发（2001）[4] 也从组织关系角度指出网络能力是企业对外部关系的管理和协调，能够促进网络关系的稳定。邢小

---

① Hakansson. Industrial technological development: a network approach [M]. London: Croom Helm, 1987.

② Ritter T, Gemünden H G. Network competence: its impact on innovation success and its antecedents [J]. Journal of Business Research, 2003, 56 (9): 745-755.

③ Knight G A, Liesch P W. Internationalization: from incremental to born global [J]. Journal of World Business, 2016 (51): 93-102.

④ 徐金发，许强，王勇. 企业的网络能力剖析 [J]. 外国经济与管理，2001 (11): 21-25.

强和全允桓（2006）[①] 将网络能力看作是对网络机会的识别，并利用网络关系整合资源和知识的一种动态能力。宋水正和邵云飞（2021）[②] 将网络能力归纳为企业对外部网络机会和价值进行识别，对网络结构进行构建，对网络关系进行管理和升级，对网络地位进行巩固和提升，以促进网络绩效提升与竞争优势获取的动态能力。Walter et al.（2006）[③] 认为网络能力是企业发展和利用组织间网络关系，从外部网络主体获得各种资源的能力。杜俊枢等（2018）[④] 认为网络能力是一种整体战略能力，它能帮助企业有效整合和利用外部资源、技术，并处理网络组织的关系。

（2）网络能力的测量。通过对现有文献的梳理，学者对网络能力的测量大多采用量表的形式。Ritter 和 Gemunden（2003）将网络能力从协调、知识整合、关系管理和内部沟通四个角度进行划分。刘鹏程等（2016）借鉴 Ritter 和 Gemunden（2003）、Yu et al.（2014）[⑤] 的量表，将网络能力分为协调活动、关系技能、合作伙伴的知识和内部沟通四个方面，共 13 个题项。宋水正和邵云飞（2021）[⑥] 参考李纲等（2017）、Ritter 和 Gemunden（2003）等学者的研究，利用网络规划、网络构建、关系管理和位置占据四个维度 16 个测量题项来衡量网络能力。参考 Ritter 和 Gemunden（2003）、Walter et al.

① 邢小强，全允桓. 网络能力：概念、结构与影响因素分析 [J]. 科学学研究，2006（S2）：558-563.

②⑥ 宋水正，邵云飞. 联盟组合中焦点企业的网络能力对创新绩效的影响——吸收能力的中介作用 [J]. 技术经济，2021，40（11）：23-34.

③ Walter A, Auer M, Ritter T. The impact of network capabilities and entrepreneurial orientation on university spinoff performance [J]. Journal of Business Venturing, 2006, 21（4）：541-567.

④ 杜俊枢，彭纪生，涂海银. 开放式情境下创新搜索、网络能力与创新绩效关系研究——来自江沪地区制造企业的问卷调查 [J]. 科技进步与对策，2018，35（18）：98-104.

⑤ Yu B, Hao S, Ahlstrom D, et al. Entrepreneurial firms' network competence, technological capability, and new product development performance [J]. Asia Pacific Journal of Management, 2014, 31（3）：687-704.

（2006）的研究，朱秀梅等（2010）[①] 使用网络导向、网络构建能力、网络管理能力三个维度来衡量企业网络能力。Moller 和 Halinen（1999）[②] 认为网络能力包括网络愿景、网络管理、关系管理和组合管理能力。张宝建等（2015）[③] 确定了网络能力测量的网络活动资质、网络规划能力、网络运营能力三个维度。邢小强和仝允桓（2006）及项国鹏等（2021）[④] 都对 Moller 的研究进行了拓展，将企业网络能力从战略层面和战术层面分别进行了划分。赵爽和刘庆贤（2011）[⑤] 结合中国情境将网络能力从战略、运营和关系三个方面进行划分。杜俊枢等（2018）从构建网络合作伙伴、管理网络关系和利用网络关系三个方面描述网络能力。李国强等（2019）[⑥] 改进 Ritter 等的量表，从网络规划、资源管理和关系管理三个角度划分。简兆权等（2014）[⑦] 基于管理任务与管理资格衡量网络能力，其中网络管理任务分为特定关系任务和跨关系任务，网络管理资格分为专家资格与社会资格。张丹等（2019）[⑧] 基于网络愿景能力、网络构建能力、关系优化能力三个维度形成网络能力的调查问卷（见表 2.3）。

① 朱秀梅，陈琛，蔡莉．网络能力、资源获取与新企业绩效关系实证研究［J］．管理科学学报，2010，13（4）：44-56．

② Moller, Halinen. Business relationships and networks: management challenge of network era［J］. Industrial Marketing Management，1999，28（5）：413-427．

③ 张宝建，孙国强，裴梦丹，齐捧虎．网络能力、网络结构与创业绩效——基于中国孵化产业的实证研究［J］．南开管理评论，2015，18（2）：39-50．

④ 项国鹏，吴泳琪，周洪仕．核心企业网络能力、创新网络与科创型特色小镇发展——以杭州云栖小镇为例［J］．科技进步与对策，2021，38（3）：50-59．

⑤ 赵爽，刘庆贤．企业网络能力的维度构建研究——概念内涵及结构［J］．现代管理科学，2011（7）：49-50+53．

⑥ 李国强，孙遇春，胡文安，任浩．企业网络能力对双元创新的影响机制——企业间网络位置跃迁视角［J］．科技进步与对策，2019，36（13）：81-88．

⑦ 简兆权，陈键宏，郑雪云．网络能力、关系学习对服务创新绩效的影响研究［J］．管理工程学报，2014（3）：91-99．

⑧ 张丹，宋林，魏薇，陈迪．孵化网络治理机制对企业创新绩效的影响——网络能力的中介效应［J］．科技进步与对策，2019，36（5）：73-78．

表 2.3 网络能力测量题项

序号	变量		题项	文献来源
1	网络规划能力		本企业能够塑造联盟网络的愿景与目标	宋水正和邵云飞（2021）
			本企业能够辨识联盟网络带来的价值和机会	
			本企业具有指导合作伙伴参与联盟活动的基本原则和思路	
			本企业能够预测联盟网络未来发展趋势和方向	
	网络构建能力		本企业经常利用各种渠道（如商会、行业协会、咨询机构等）寻找潜在合作伙伴	
			本企业能够有效地评估和筛选潜在合作伙伴	
			本企业清楚以何种策略与潜在合作伙伴建立关系	
			本企业能够同时与多个合作伙伴保持密切联系	
	关系管理能力		本企业经常与合作伙伴进行联系和沟通	
			本企业能够与合作伙伴保持较长时间的合作关系	
			本企业能够妥善处理与合作伙伴产生的分歧或冲突	
			本企业能够动态地调整和优化与合作伙伴的关系	
	位置占据能力		本企业具有占据网络中心位置的能力	
			本企业具有占据网络优势地位的能力	
			本企业善于为网络合作伙伴间的沟通牵线搭桥	
			本企业能够不依赖第三方而与网络合作伙伴直接联系	
2	网络导向	网络计划（planning）	分析行业技术发展	朱秀梅等（2010）
			分析市场发展	
			分析竞争者情况	
			分析自身优势和劣势	
			分析自身战略与网络资源的匹配程度	
			分析内部资源与网络资源的匹配程度	

续表

序号	变量		题项	文献来源
2	网络构建能力	选择合作伙伴（partner knowledge）	通过各种途径收集潜在合作伙伴信息	朱秀梅等（2010）
			判断从潜在合作伙伴能获得什么	
			选择合作伙伴	
		关系发起（initiate）	访问并结识潜在合作伙伴	
			向潜在合作伙伴主动透露企业有关信息	
			与潜在合作伙伴加强联系	
			利用不同策略与潜在合作伙伴建立关系	
		关系调整（adjust）	判断不同关系的发展潜力与价值	
			延长或终止已有网络关系	
			优化各种关系组合	
	网络管理能力	关系组织（organization）	明确每个关系对企业的贡献	
			为每个关系指定负责人	
			为每个关系分配公关费	
			指定关系负责人之间的联络人	
			定期召开关系负责人会议	
		关系协作（coordination）	与网络伙伴定期讨论如何互相支持	
			为合作伙伴设身处地着想	
			创造性地解决与合作伙伴的问题和冲突	
			监控网络合作伙伴承诺的执行	
		关系交换（exchange）	企业与网络成员之间交流组织战略信息	
			企业与网络成员之间交流资源信息	
			企业与网络成员之间交流运营信息	
			企业与网络成员之间交流组织文化信息	
			企业与网络成员之间交流资源	
		关系控制（controlling）	对关系负责人进行绩效评价	
			评价每个关系实际与期望绩效的差异	

序号	变量	题项	文献来源
3	网络活动资质（NQ）	本企业具有专门的职能部门负责外部合作伙伴联系	张宝建等（2015）
		本企业具有对外合作的相关法律常识	
		本企业具有相对开放的对外合作氛围	
		本企业在选择创新合作伙伴时具有较高独立性	
	网络规划能力（NP）	本企业能更充分了解外部竞争对手	
		本企业能有效评估外部合作伙伴的贡献	
		本企业将对外合作伙伴关系作为企业战略的一部分	
	网络运营能力（NO）	本企业评估每个合作伙伴对实现企业战略目标的贡献	
		本企业向每个合作伙伴分配本的合作预算	
		本企业能够妥善处理企业与外部合作伙伴之间的冲突	
4	网络愿景能力（WY）	应对环境变化带来的奉献	张丹等（2019）
		分析战略群组和形成中心网络	
		寻找最优对象	
	网络构建能力（WG）	建立有效链接、获取交流和沟通机会	
		将自身置放在优势网络位置	
	关系优化能力（GY）	提升与外部伙伴的信任程度	
		从组织视角分析管理顾客供应商组合	
		分析战略群组和形成中心网络	

三、组织边界跨越能力结果变量综述

经济全球化的到来以及知识经济的快速发展，使得企业面临越来越复杂的外部环境，越来越多的企业为了寻求竞争优势，开始了边界跨越活动，组织边界跨越因而受到广泛关注。组织在执行边界跨越时，表现出边界跨越能力。关于组织边界跨越，学者们基于不同的研究视角展开了相关研究，并取得了一定成果。基于以上组织边界跨越能力的分类，本书将组织边界跨越能力分为吸收能力、IT能力、网络能力三个维度进行其结果变量的综述。

（一）吸收能力的结果变量

吸收能力影响企业创新的研究是学者对吸收能力研究的主要方向，存在直接效应、门槛效应等关系。王丽君等（2022）[①]基于2002~2018年中国省级面板数据，构建区域吸收能力指标，结果显示省域吸收能力促进本省域的创新产出。冯立杰等（2021）[②]将企业吸收能力分为吸收投入、知识基础及吸收过程三个维度，发现其均促进企业创新，其中吸收过程维度对企业创新的促进作用强于吸收投入和知识基础维度。刘娟等（2021）[③]基于知识吸收能力理论、知识整合理论和组织任务环境理论构建机制模型，研究结果表明IT驱动的知识吸收能力通过企业知识整合对企业突破性创新具有显著正向影响。张德茗和李艳（2011）[④]将吸收能力分为潜在吸收能力和实现吸收能力两个维度，以科技型中小企业为研究对象，发现企业吸收能力两个维度均对企业创新绩效有正向作用。也有学者对吸收能力影响创新绩效的作用机制研究有不同的观点。简兆权等（2008）[⑤]选取我国珠三角地区124家高科技企业为研究对象，发现吸收能力正向影响知识整合，但对组织创新没有显著的直接正向影响。另外，也有学者认为吸收能力对创新绩效的影响不仅表现为线性关系，而且存在门槛效应。朱俊杰和徐承红（2017）[⑥]基于面板门槛模型研究吸收能力与区域创新绩效间的非线性关系，首先是吸收能力对区域技术创新绩效的影响存在单门槛效应，只有吸收能力强度低于门槛值时，吸收

①　王丽君，陈韬，王益谊. 吸收能力对省级创新产出的空间溢出效应研究：基于空间计量模型[J]. 科技管理研究，2022，42（5）：18-27.

②　冯立杰，朱磊，王金凤，余良如. 基于Meta分析的吸收能力对企业创新影响问题[J]. 系统管理学报，2021，30（4）：752-762.

③　刘娟，赵晴晴，董维维. IT驱动的知识吸收能力对企业突破性创新的作用机理——基于组织任务环境的调节效应[J]. 预测，2021，40（4）：74-80.

④　张德茗，李艳. 科技型中小企业潜在知识吸收能力和实现知识吸收能力与企业创新绩效的关系研究[J]. 研究与发展管理，2011，23（3）：56-67.

⑤　简兆权，吴隆增，黄静. 吸收能力、知识整合对组织创新和组织绩效的影响研究[J]. 科研管理，2008，29（1）：80-86.

⑥　朱俊杰，徐承红. 区域创新绩效提升的门槛效应——基于吸收能力视角[J]. 财经科学，2017（7）：116-128.

能力的提升才有助于本地实现技术创新；吸收能力对区域产品创新绩效的影响呈现复杂的双重门槛效应，且存在最佳的吸收能力强度区间。杨秀文（2011）[①] 采用静态面板数据门槛模型研究吸收能力与外资科技创新溢出的关系，发现经济发展水平、金融发展水平、对外开放度、经济结构四种吸收能力与外资科技创新溢出效应之间存在显著的门槛效应，门槛效应的发展轨迹可划分为"阻滞期""飞跃期""稳定期"三个阶段。

（二）IT 能力的结果变量

信息技术快速发展使得对企业 IT 能力的研究得到学者的更多关注，学者的研究多着眼于 IT 能力是否以及如何促进企业绩效的问题开展。刘鹏程等（2016）从组织边界理论入手，利用 224 家 KIBS 企业的调研数据进行实证分析发现，IT 能力对开放式服务创新有正向作用。欧阳桃花等（2012）基于协同演化视角，以海尔集团为例进行研究，结果表明，组织边界跨越与 IT 能力共同促进企业产生持续竞争优势。谢卫红等（2014）[②] 基于珠三角 221 位中层管理者样本，研究发现 IT 能力正向影响突破式创新。姚山季等（2013）[③] 以江苏省高新技术企业为样本构建结构方程模型进行实证研究，结果表明 IT 能力的两个维度——IT 技术能力和 IT 人员能力积极影响顾客创新。迟嘉昱等（2012）[④] 从企业能力理论出发，研究结果肯定了企业 IT 能力对企业绩效的正向影响。徐国东和郭鹏（2012）[⑤] 基于如何促进组织创新绩效提升问题进行研究，发现 IT 能力显著促进组织创新绩效。赵益维等（2015）立足于制造

① 杨秀文. 吸收能力与外资科技创新溢出的门槛特征分析 [J]. 科学学与科学技术管理，2011，32（3）：57-66.

② 谢卫红，王田绘，成明慧，王永健 IT 能力、二元式学习和突破式创新关系研究 [J]. 管理学报，2014，11（7）：1038-1045.

③ 姚山季，金晔，王万竹. IT 能力、界面管理与顾客创新 [J]. 管理学报，2013，10（10）：1528-1534.

④ 迟嘉昱，孙翎，童燕军. 企业内外部 IT 能力对绩效的影响机制研究 [J]. 管理学报，2012，9（1）：108-114.

⑤ 徐国东，郭鹏. IT 能力、知识共享对组织创新绩效影响的实证研究 [J]. 情报杂志，2012，31（7）：116-120.

业企业进行研究，发现 IT 能力正向影响制造业企业服务创新绩效。基于组织学习理论，丁潇君等（2020）[①] 对 313 家企业进行问卷调查，发现 IT 基础能力和 IT 体系惯例（IT 能力二维度）均对企业创新绩效有提升作用。刘小娟等（2015）通过对 IT 外包企业进行研究，得出如下结论：员工通过跨边界活动获取更多对自身有用的知识，并将其运用到工作中，进而提升工作满意度。李随成和杨功庆（2008）[②] 采用问卷调查的形式发现 IT 能力促进企业间信息共享，且其对企业间研发合作的直接产出、合作效果和长期效用的影响效应逐次递增。谢卫红等（2015）基于知识视角将 IT 能力分为知识广度 IT 能力和知识深度 IT 能力，发现其均对潜在吸收能力有正向作用。

（三）网络能力的结果变量

学者对网络能力的研究多关注微观层面的企业研究，结果变量多集中于对绩效的影响，主要分为对绩效的直接影响、通过资源和知识获取来提升绩效、通过创新提升绩效等。胡海清等（2011）[③] 进行实证分析，验证了企业网络能力能提高企业绩效的假设；Walter et al.（2006）[④] 对大学衍生企业的实证研究也证明，企业网络能力能够直接影响企业利润和竞争优势；基于互联网视角，王林（2021）[⑤] 以生产性服务业为研究对象，将企业网络能力分为网络决策水平、网络配合水平和网络获取水平三个维度，发现其均对企业竞争绩效有正向影响。朱秀梅等（2010）将网络能力划分为网络导向、网络构建和网络管理三个维度，发现网络构建和网络管理有利于企业知识资源获

---

① 丁潇君，李婉宁，徐磊. IT 能力与企业创新绩效关系研究——双元学习的调节作用 [J]. 科技进步与对策，2020，37（10）：90-98.

② 李随成，杨功庆. IT 能力及信息共享对企业间研发合作的影响研究 [J]. 科研管理，2008，29（4）：55-63.

③ 胡海青，张宝建，张道宏. 网络能力、网络位置与创业绩效 [J]. 管理工程学报，2011，25（4）：67-74.

④ Walter A, Auer M, Ritter T. The impact of network capabilities and entrepreneurial orientation on university spin-off performance [J]. Journal of Business Venturing, 2006 (21): 541-567.

⑤ 王林. 企业网络能力与竞争绩效相关性分析：基于探索性学习的中介效应 [J]. 商业经济研究，2021（19）：122-125.

取和运营资源获取；立足于产学研合作研究，徐国东等（2011）[①] 发现网络能力能加强知识转移效果。简兆权等（2014）[②] 基于华南地区 243 家企业进行实证分析，肯定了网络能力对创新绩效的正向作用；项国鹏等（2021）探索科创型特色小镇的发展机制，发现企业网络能力促进创新网络演化，并且与科创型特色小镇产业发展存在协同效应；以创业者作为主体，屠兴勇等（2019）[③] 基于网络关系理论发现了创业者网络能力对渐进式创新绩效的正向作用；任胜钢和舒睿（2014）[④] 基于创业者网络能力概念，研究结果表明创业者网络能力正向影响创业机会识别与开发；张道宏等（2015）以西安市高新区国家级孵化期内 291 家在孵企业为研究对象，表明了在孵企业网络能力对创新绩效的正向作用。刘鹏程等（2016）在研究中发现网络能力与开放式服务创新无明显关系。刘洋等（2013）基于研发网络边界拓展视角，指出企业能够通过边界跨越活动，构建属于自己的网络，并利用网络中的资源进行创新，提升自身竞争实力。

综上所述，大多数学者的研究肯定了组织边界跨越能力对创新的积极作用，但很少有学者将组织边界跨越与产学研合作相结合。作为组织实现创新的重要选择，产学研合作受到广泛关注。因此本书选择产学研合作创新绩效作为组织边界跨越能力的结果变量，对两者之间的关系进行深入探讨。

---

① 徐国东，郭鹏，于明洁. 产学研合作中的网络能力对知识转移影响的实证研究［J］. 情报杂志，2011，30（7）：99-103.
② 简兆权，陈键宏，郑雪云. 网络能力、关系学习对服务创新绩效的影响研究［J］. 管理工程学报，2014（3）：91-99.
③ 屠兴勇，王泽英，张琪，何欣. 基于动态环境的网络能力与渐进式创新绩效：知识资源获取的中介作用［J］. 管理工程学报，2019，33（2）：42-49.
④ 任胜钢，舒睿. 创业者网络能力与创业机会：网络位置和网络跨度的作用机制［J］. 南开管理评论，2014（1）：123-133.

第二节 产学研合作创新绩效相关研究综述

一、产学研合作内涵综述

产学研是一种产、教、研相结合的教育模式，是高校、科研院所和企业共同探索和解决人才培养、物质生产和科技研究等共同问题而形成的当代合作趋势。产学研合作其实在诞生初期叫作产学官合作，日本政府早在20世纪60年代初就开始通过相关法律和政策，鼓励和引导大学、研究机构和产业界进行合作。纽约州立大学的Henry Etzkowitz教授在1995年提出了"大学、产业、政府"三重螺旋创新模型，该模型利用生物学中三螺旋的原理解释政府、大学和企业之间相互依存的互动关系，指出在以知识为基础的社会中，大学—政府—产业三者之间的相互作用是改善创新条件的关键。关于产学研合作的概念、内涵界定，不同学者从不同角度出发，展开相关论述。

从知识或技术交流与合作的角度看，薛卫（2010）将产学研合作定义为："企业和学研方之间通过开展合作，使知识、技术等要素在各方流动，促进各方创新能力的形成"；Hemmert et al.（2014）将产学研合作定义为企业与学研方之间通过开展合作，从学研方获取知识并加以消化吸收，进而促使新产品、新技术或新工艺产生，并为企业带来收益的项目；Ankrah和Al（2015）认为，产学研合作是指企业与学研机构为了促进知识转移及技术交流而开展合作，使双方彼此受益。

从战略联盟角度看，许多学者认为产学研合作是一种以战略联盟组织形式开展的项目，如孙卫等（2012）[①] 认为产学研合作是指："企业和学研方从各自角度出发，为了既定目标，协同各自资源而开展的一种优势互补、共同发展的合作的项目"；徐树鹏（2020）[②] 定义产学研合作是学校、企业和科技研发机构依托各自优质资源所开展的一系列社会经济活动；Galan 和 Plewa（2016）也认为产学研合作是一种以战略联盟形式开展的项目；冯庆斌（2006）[③] 将产学研合作定义为在技术创新过程中的企业、大学、科研单位，基于利益的驱动而运用各自资源相互协作以实现优势互补的经济社会活动。

综上所述，本书借鉴 Ankrah 和 Al（2015）及孙卫等（2012）的观点，将产学研合作定义为：企业方基于新产品、新工艺创造和新技术研发等目标，同高等院校及科研院所开展的一种合作项目。合作过程中，他们协同各自拥有的资源（资本、人力、技术），实现各方风险共担、利益共享。

二、产学研合作创新绩效测量综述

产学研合作涉及了具有不同合作目标的组织，企业开展产学研合作是为了能够及时获得新技术，从而创造出具有市场竞争力的新产品，获得较好的经济收益。学研方参与产学研合作则主要是为了将自身用于产品创新的研究用于企业实践中，从而获得学术价值及社会价值。

产学研合作创新绩效的测量和评价一直是学界关注的热点，现阶段对于产学研创新绩效评价的研究不尽相同，形成了全方位、多层次的指标体系。综观学界，产学研合作创新绩效主要从成果性绩效和成长性绩效两个方面进行测量。其中，成果性绩效指的是能够加以直接量化的绩效产出，如新产品数量、专利授权数、发表论文数量等；而成长性绩效指的是无法加以直接量

① 孙卫，刘民婷．基于 DEA 方法的产学研合作效率评价研究——以陕西省制造业为例［J］．科学学与科学技术管理，2011（3）：11-15．

② 徐树鹏．基于科技创新的产学研合作成效提升研究——评《产学研合作成效及其提升路径》［J］．科技管理研究，2022，42（4）：100-104．

③ 冯庆斌．基于群落生态学的产学研合作创新研究［D］．哈尔滨：哈尔滨工程大学，2006．

化的绩效产出，但却以无形的方式存在且对组织发展有极大促进作用，如技术能力的提升、生产能力的提升、合作双方的满意度等。具体如下所述：

（一）成果性绩效

产学研合作成果性绩效是能够直接进行量化的创新绩效。具体到产学研合作中，企业往往通过成果性绩效来衡量其是否有效参与到合作项目中，并取得一定成效。关于这方面的测量，学界已取得大量成果。如 Zahra 和 George（2002）[①] 采用专利数量、新产品数量、在研新产品数和新产品净利润率来衡量产学研合作创新绩效；车维汉和张琳（2010）则从专利授权量、新产品销售收入占主营业务比重、新产品产值占工业总产值比重三个方面来衡量产学研合作创新绩效；Jacob et al.（2010）选择发明专利数量、出版物数量等作为产学研合作创新成果性绩效指标；戴勇和胡明浦（2016）在提出产学研合作创新评价模型的基础上，认为应从产学研合作专利授权数量、基于产学研合作创造的新产品占销售额的比重、参与产学研创新项目的成功率等方面来衡量产学研合作成果性绩效。金芙蓉和罗守贵（2009）[②] 采用可利用的基础设施、合作的人力资源投入、合作的经费投入、人才培养和学术活动、合作的科技产出和奖励、合作的经济绩效六个方面构建产学研合作项目绩效评价指标体系。George 和 Zahra（2002）使用专利数、投入市场的新产品数、研发中的新产品数和净利润率衡量产学研合作绩效。郭京京等（2021）[③] 参考李习保（2007）的研究，基于 2001~2009 年面板数据，采用各地区高校和研究机构科技活动经费筹集中企业资金所占比重测度产学研合

---

① Zahra S A，George G. Absorptive capacity：a review，reconceptualization，and extension［J］. Academy of Management Review，2002，27（2）：185-203.

② 金芙蓉，罗守贵. 产学研合作绩效评价指标体系研究［J］. 科学管理研究，2009，27（3）：43-46.

③ 郭京京，眭纪刚，郭斌，陈晓玲. 外商直接投资、产学研合作与地区创新绩效——来自中国省级面板数据的实证研究［J］. 管理工程学报，2021，35（2）：67-78.

作的溢出效应。张秀峰等（2015）[①] 研究广东省省部产学研合作项目，以知识创新、科研创新和产品创新三个阶段反映产学研合作创新绩效，其中知识创新阶段采用项目的科技论文发表数来衡量，科研创新阶段以项目的专利授权数来衡量，产品创新阶段用项目研发的新产品数、新工艺数和成果转化数来衡量。

（二）成长性绩效

成长性绩效是无法通过物化识别又切实存在的产学研合作创新绩效，主要关注参与组织的成长发展，这可以反映参与组织是否获得了良好的效益。有关成长性绩效的测量，学界也展开了诸多研究。如邓颖翔和朱桂龙（2009）提出，不能简单地以用数字衡量的成果性绩效指标作为产学研合作创新绩效的衡量指标；Offermann et al.（2004）则认为成长性指标应从合作方态度及行为的改变、合作方满意度等方面来测量；同样地，张万宽（2008）[②] 和孙永磊等（2014）[③] 也持相同观点，他们认为，应从合作方生产能力或技术能力提升、合作方满意度、创新能力提升等方面对产学研合作中成长性绩效进行测量；李雷鸣等（2014）[④] 认为环境、投入和产出是影响产学研协同创新绩效的重要因素，他也从这三个方面进行分析研究，同时指出环境因素指的是教育环境、市场环境及技术环境。王永成和高晓杰（2017）[⑤] 从投入、产出、环境、过程、结果这五个维度对产学研协同创新绩效进行了

① 张秀峰，陈光华，胡贝贝，杨国梁．企业生命周期对产学研合作创新绩效的影响［J］．中国科技论坛，2015（6）：44-48．
② 张万宽．高新技术领域的产学研技术联盟绩效研究——基于资源依附和交易成本的分析视角［J］．科技进步与对策，2008（6）：12-16．
③ 孙永磊，党兴华，宋晶．基于网络惯例的双元能力对合作创新绩效的影响［J］．管理科学，2014（2）：38-47．
④ 李雷鸣，于跃，刘丙京．基于AHP—熵值法的青岛市产学研合作创新绩效评价研究［J］．科技管理研究，2014，34（15）：40-43+49．
⑤ 王永成，高晓杰．产学研协同创新的体制机制研究及绩效评价分析［J］．创新科技，2017（11）：29-33．

评价。牛秀红等（2019）[①] 使用主成分分析法提取出了产学研协同创新绩效的主要影响因素，即创新环境、创新主体特征和创新交流。叶英平（2017）[②] 则是从满意程度、经济绩效和创新能力三个方面对创新绩效进行了分析。苏州（2018）[③] 对产学研协同创新绩效的评价维度进行了多维度、多层次的刻画，将其分为环境、投入、产出、运行、效果五个维度，并对每个维度分别设置相应的评价指标。

综上所述，本书认为，产学研合作创新绩效是企业和学研机构通过合作所创造的成果。本书参考 Zahra 和 George（2002）、车维汉和张琳（2010）的研究，拟通过成果性绩效指标对产学研合作创新绩效进行衡量。同时，为了检验实证结果的可靠性，借鉴张万宽（2008）、孙永磊等（2014）的测量方式，拟通过成长性绩效指标进行本书的稳健性检验。

三、产学研合作创新绩效前因变量综述

目前，产学研合作在各个领域广泛运作，由此项目而产生的创新绩效也备受各界关注。其中，学界对产学研合作创新绩效前因变量的研究目的和方法的不同而存在差异性。

基于研究主体的视角，学者们分别从项目角度、企业角度以及项目与企业相结合的角度展开了相关研究。具体而言，有关项目角度，胡恩华和郭秀丽（2002）从项目合作过程角度出发，发现在项目初期，各方配合度较高，较容易达成一致。但随着项目的进行，双方会因成本、时间及其他影响项目的各种因素而产生冲突，甚至阻碍产学研合作的进行；类似地，郭斌等

---

① 牛秀红，刘海滨，周佳宁. 西部典型城市创新效率测算及影响因素路径分析 [J]. 中国科技论坛，2019（4）：111-123.

② 叶英平. 产学合作中网络权力、网络惯例与创新绩效关系研究 [D]. 长春：吉林大学，2017.

③ 苏州. 基于多维分层的产学研合作绩效评价模型研究 [J]. 南京理工大学学报，2018，42（6）：747-755.

（2003）也从项目角度出发，认为在产学研合作中，项目本身特性、项目各方参与者、组织结构与人员安排、制度法律及政府资助等外部环境将会在一定程度上影响产学研合作创新绩效。刘小真等（2010）[①] 从企业自身角度出发，运用实证研究法对影响产学研合作的主要因素进行了研究，结果表明：缺乏技术转化资金及人才对产学研合作影响最大；张米尔和武春友（2004）以企业绩效为出发点，研究了不同产学研合作模式对项目创新绩效的影响；类似地，唐乐和段异兵（2006）也从企业绩效角度出发，认为在产学研合作中，因平衡预算约束与可占用性会同时存在，故易导致影响产学研合作创新绩效的机会主义行为。基于项目与企业相结合角度，谢志宇（2004）提出了三层次（要素、过程、绩效）的产学研合作创新绩效影响因素概念模型，并认为要素和过程这两个层次的因素能够显著影响产学研合作创新绩效；付俊超（2013）与谢志宇（2004）的观点相似，认为产学研合作创新绩效受多种要素影响，要素这一层次主要包括主体间关系、技术水平、政府政策和市场环境等内容，而过程这一层次则主要由合作的模式、行为及关系构成。

基于研究方法的视角，学者们分别采用不同的研究方法对产学研合作创新绩效展开了相关研究。具体而言，肖丁丁等（2011）运用实证研究法研究了产学研合作中不同属性的研发投入对合作项目创新绩效的不同影响，结果表明，政府资金能够调节企业研发投入，企业研发投入有利于提升企业创新绩效；张秀峰等（2015）通过实证分析得出在不同创新阶段，私企和国企的产学研合作创新绩效存在差异性；陈光华等（2015）运用实证研究法，对广东省省部产学研合作进行研究，发现地理距离对产学研合作创新绩效中专利产出指标影响不显著，而对新产品产出指标有显著的负向影响；张琳（2010）运用因子分析法分析了影响上海市产学研合作的因素，研究发现，各行业因市场结构不同，对产学研合作的影响程度及影响因素也不尽相同；李雷鸣等（2014）运用AHP—

---

① 刘小真，梁越，刘校惠，麻智辉，李志萌. 江西省企业产学研合作的模式及影响因素分析[J]. 科技管理研究，2010（6）：91-93.

熵值法对青岛市产学研合作创新绩效进行评价，最终得出项目经费及人员不足是影响青岛市产学研合作创新绩效的主要问题。

　　基于研究合作方匹配度的视角，学者主要研究产学研各方之间的差异性以及融合度对绩效产生的影响，也就是合作各方的匹配度。具体而言，有关组织差异性，学研机构和企业等产学研合作主体在组织结构、吸收能力、盈利模式等方面都存在着差异，主体之间可以利用这些差异进行知识能力互补，这些差异也将对创新绩效有所影响。戴勇等（2016）[①] 基于组织学习和伙伴异质性视角，指出产学研合作要尽量寻找拥有最优知识势差的伙伴，合作伙伴之间也应该相互信任，维持合作关系的长久。王丽平等（2019）[②] 从目标、知识、文化、制度四个维度定义了组织距离和组织邻近，指出组织距离显著负向影响产学研合作绩效。组织距离往往会产生一定程度的隔阂，引起认知、价值观等方面的冲突，带来沟通和协作的高成本问题，降低合作创新的绩效。艾志红（2017）[③] 从合作伙伴之间知识深度和宽度的距离，以及潜在吸收能力和实际吸收能力两个维度，研究了知识距离、吸收能力对产学研合作绩效的影响机理，指出合作伙伴之间应尽量缩小知识深度距离，扩大知识宽度距离。有关合作伙伴匹配性，马文聪等（2018）[④] 首次将合作伙伴匹配性应用于产学研合作情境，主要是指产学研合作伙伴之间目标协同性、文化相容性、创新资源/能力的互补性，并指出产学研协同创新的本质是通过"求同存异"发挥协同效应，在强调产学研合作伙伴差异性的同时，也应该注意各主体之间的共同之处和互补之处。合作伙伴之间的目标协同性和文化相容性是达成

　　① 戴勇，胡明溥．产学研伙伴异质性对合作创新绩效的影响研究：基于组织学习视角 ［J］．高教探索，2016（1）：5-10+26．

　　② 王丽平，栾慧明．组织距离、价值共创与产学研合作创新绩效 ［J］．管理学报，2019（5）：704-711．

　　③ 艾志红．知识距离、吸收能力对产学研合作绩效的影响研究 ［J］．工业技术经济，2017（7）：121-127．

　　④ 马文聪，叶阳平，徐梦丹，朱桂龙．"两情相悦"还是"门当户对"：产学研合作伙伴匹配性及其对知识共享和合作绩效的影响机制 ［J］．南开管理评论，2018（6）：95-106．

合作的基础，而创新资源/能力互补性是合作创新绩效的关键影响因素，因此产学研合作主体在选择合作伙伴时要重点考量对方的资源、能力，但是不能忽视保证合作顺利开展的目标协同与文化相容。

基于合作过程的视角，学者主要研究各方在合作过程当中知识及技术的转移程度以及利益的分配对绩效产生的影响。具体而言，基于技术转移效率，余元春（2017）将技术转移分为技术创新和产业价值创造两个阶段，运用序列型两阶段 DEA 评价模型，打开技术转移"黑箱"，发现我国产学研技术转移效率总体不高①。曾明彬等（2019）②从技术转移方（高校和科研机构）和接收方（企业）双边视角入手，对这一"黑箱"的内部运作机理进行初步探索，并指出技术转移存在的错位现象——学研机构转移的技术不是企业所需要的技术，而学研机构没有足够的动力对企业所需要的核心技术进行转移，是导致产学研合作技术转移低成功率的真正原因。基于知识转移效率，产学研合作的本质是知识在不同组织之间的转移与共享。黄菁菁等（2017）③指出目前产学研协同效率偏低的最主要原因是知识协同与转化效率较低。常亮（2018）指出，正是由于产学研协同创新过程中的知识转移问题没有得到较好解决，导致我国产学研协同创新存在技术转化率低、知识资产外流等问题④。

综上所述，学界关于产学研合作创新绩效的影响因素研究主要聚焦于项目合作方、合作过程、技术水平、市场及政府等外部环境等方面，并且技术转移效率、知识转移效率及利益分配也影响了产学研创新活动中的协作行为，从企业自身能力角度对产学研合作创新绩效进行的研究较少。因此，本书选

① 余元春，顾新，陈一君．产学研技术转移"黑箱"解构及效率评价［J］．科研管理，2017（4）：28-37．
② 曾明彬，李玲娟．产学研技术转移推进的错位现象研究——基于技术转移方和接收方双边视角的分析［J］．管理评论，2019（11）：108-114．
③ 黄菁菁．产学研协同创新效率及其影响因素研究［J］．软科学，2017（5）：38-42．
④ 常亮．产学研协同创新下的知识溢出效应与科技创新政策［J］．中国高校科技，2018（9）：78-79．

择组织边界跨越能力作为产学研合作创新绩效的前因变量，尝试对两者间关系进行深入分析。

第三节 创新激情相关研究综述

一、激情及创新激情内涵综述

激情产生于哲学，有关激情的定义，最早是由哲学家笛卡尔提出的，他认为激情是一种积极向上的情感，这种情感可以影响人的行为。直到 20 世纪 90 年代，激情开始受到一些心理学家的关注。他们认为，激情是一种快乐的情感体验，会让人不自觉地感到兴奋。Kessler 等（2000）[①] 则指出，激情富含一种积极向上的力量，能够鼓舞人们勇于追求富有挑战性的目标。近几年，激情逐渐扩散至管理学领域，受到诸多管理学家的关注。Smilor（1997）认为，激情是个体对追求挑战性目标的热情。Vallerand 等（2003）从积极心理学视角认为激情包含动机、情感和认知，并将激情描述为人们对喜爱的且认为重要的活动的一个"强烈倾向"，并愿意为此活动投入足够的时间和精力。同时，他将激情的概念引申到工作中，指出工作中的激情是组织中的成员对某一份工作所表现出的强烈倾向或意愿，这种激情成为这份工作的关键驱动力。通过回顾概念，我们可以发现激情是个人的一种积极情感，是个体动机的重要因素，也是成功的必备条件。

综观激情研究领域，虽然很早之前就被社会心理学家提出，但把激情

---

① Kessler E H, Bierly P E, Gopalakrishnan S. Internal vs external learning in new product develcpment: Effects on speed, costs and competitive advantage [J]. R & D Managemert, 2000, 30（3）: 213-224.

用于创业创新领域，还属于一个新兴话题。将激情与创新进行结合，产生了创新激情。创新激情的概念源于工作激情，是嵌入具体场景的工作激情。杨皎平等（2022）[1] 指出，员工的创新激情可理解为员工积极产生创造性想法，并主动寻求新方法、新技术和新流程，以实施创造性想法的心理情绪。创新激情属于创业激情的一个分支，关于创业激情的内涵，目前也没有统一的说法，厘清创业激情的内涵对创新激情的内涵也有很大帮助。本书通过文献梳理，主要从个体特质视角、情绪视角和动机视角来阐述创业激情的内涵。

第一，个体特质视角。部分学者从个体特质视角研究创业激情，他们认为创业激情就像创业者的性格一样。创业者人格特质由创业激情和坚持、主动等特质组成（Baum et al.，2001）[2]。初玉霞（2011）[3] 认为个体特质是稳定的且伴随着一个人的，可以让个体不管在什么样的情况下都做出相同的反应。按照特质论的观点，创业者创业激情是一种稳定存在的人格特征，然而，现实情况并不一定是这样的。在创业企业创建初期，创业者往往具有很强烈的创业激情，但随着创业企业的发展，创业者慢慢失去创业激情。这种情况是无法用特质论阐述的，因为按照特质论的说法，创业激情就像一个人的性格一样，不应该随着时间而消逝（欧阳涛，2017）[4]。

第二，情绪视角。更多的学者对特质论持有否定的态度，他们认为创业激情是创业过程中的一种情绪表现。情绪是个体心理对外界刺激所做出的反应，是人的感觉、思维方式和行为的综合状态（乔建中，2003）[5]。创业激情

① 杨皎平，戴万亮，李豪. 人岗匹配、资源赋能与平台企业员工创新激情 [J]. 科研管理，2022，32（10）：1-8.
② Baum J R, Locke E A, Smith K G. A Multidimensional Model of Venture Growth [J]. Academy of Management Journal, 2001, 44 (2): 292-303.
③ 初玉霞. 任务特点、认知风格对情绪与创造表现关系的影响 [D]. 济南：山东师范大学，2011.
④ 欧阳涛. 创业激情感知对员工情感认同的影响研究 [D]. 合肥：安徽财经大学，2017.
⑤ 乔建中. 情绪研究：理论与方法 [M]. 南京：南京师范大学出版社，2003.

不同于其他情绪：一方面，创业激情与创业活动就像孪生兄弟一样是分不开的，当创业者思索或者参与创业活动的时候，创业激情就有可能表现出来（Vallerand et al.，2003）[①]；另一方面，创业激情是一种连续的、积极的、非常强烈的情绪（Cardon et al.，2009），充满激情的创业者通常能够更加清楚地认识到自己的创业身份，进而采取更为合理的行为方式。

第三，动机视角。从动机视角研究创业激情的学者认为，创业激情可以刺激创业者让其变得更有思想、更有追求，执行力也变得更好。对于创业者来说，创业激情是一种动机资源，不断刺激创业者，让其不敢有丝毫懈怠。创业激情是创业动机的重要组成部分（Smilor，1997）[②]。Chen 等（2009）[③]也认为创业激情不断刺激着创业者的大脑和行为，它是某些特定范围的动机结构。然而也有学者利用因子分析验证了创业激情和动机其实是有差异的（Vallerand et al.，2003）。

从已有的研究来看，对于创业激情内涵的界定还远远没有达成一致，不同的研究视角都取得了一定的研究成果，但并没有形成一个科学的理论体系。特质论认为创业激情是和个体性格一样稳定的一种特质。但特质论的观点遭到了大部分学者的反对，情绪理论则把创业激情看作创业者在参与创业活动的时候经历的情绪体验；动机理论更是把创业激情看作创业者的动机。在这三种观点中，从情绪视角定义创业激情得到了广泛的认同。

有关创新激情的内涵，目前还没有统一的定义。Cardon 等（2009）[④] 指出，创新激情是创业激情的一个类型，并基于创始人身份的不同，把创业激

① Vallerand R J, Blanchard C, Mageau G A, et al. Les passions de lame: on obsessive and harmonious passion [J]. Journal of Personality & Social Psychology, 2003, 85 (4): 755-767.

② Smilor R W. Entrepreneurship: Refections on a subversive activity [J]. Journal of Business Venturing, 1997, 12 (5): 341-346.

③ Chen X P, Yao X, Kotha S. Entrepreneur Passion and Preparedness in Business Plan Presentations: A Persuasion Analysis of Venture Capitalists' Funding Decisions [J]. Academy of Management Journal, 2009, 52 (1): 199-214.

④ Cardon M S, Wincent J, Singh J, et al. The nature and experience of entrepreneurial passion [J]. Academy of Management Review, 2009, 34 (3): 511-532.

情划分为创建激情、创新激情和发展激情。其中创新激情是指创新个体对市场新机会和机遇进行识别及探索的激情。Laaksonen 等（2011）认为，创新激情是个体对商业机会搜索、观察外部市场、创新产品表现出强烈倾向或意愿。商燕劼（2019）指出，创新激情是创新个体对于所开展的创新活动，表现出的一种强烈意愿、喜爱以及认同的工作状态。创新激情还表现为创新个体热爱某项创新活动，愿意为此投入时间及精力。研究表明，富有创新激情的个体易将大脑中储存的知识及技能适时转化为创新行动。上述概念虽对创新激情的定义不完全相同，有的将创新激情定义为一种强烈倾向或意愿，有的将其定义为一种心理状态或工作状态，但这些概念均体现了认知、动机和情感三个方面因素。本书借鉴 Laaksonen 等（2011）[①] 及商燕劼（2019）[②] 的观点，将创新激情定义为：创新个体对于自身投入创新相关活动的积极自我定位及表现出的强烈倾向、意愿和认知，并通过行动主动或被动内化为个体认同。

二、创新激情维度及测量综述

鉴于创新激情是一个相对新颖的话题，学界对其尚未有过多的探讨。考虑到创新激情是创业激情的类别之一，本书参考学界对创业激情的维度及测量方面的研究。具体如下所述：

（一）创新激情维度综述

学界对创业激情维度的研究主要从两个视角展开：二维视角和三维视角。具体来说，二维视角方面，Vallerand 等（2003）认为激情是个体对于自己喜欢的活动所表现出的一种浓郁的情感。在这种情感驱使下，可能会导致两种

① Laaksonen L, Ainamo A, Karjalainen T. Entrepreneurial passion: An explorative case study of four metal music ventures [J]. Journal of Research in Marketing & Entrepreneurship, 2011, 13 (1): 18-36.
② 商燕劼, 庞庆华, 李晓峰. 创新激情、知识分享意愿对员工创造力的影响 [J]. 技术经济, 2019, 38 (3): 8-16.

激情的产生：和谐的激情和痴迷的激情。Vallerand 等（2003）主要依据社会环境因素对个体认知和内化程度的不同把这两种激情分别称为和谐型激情和强迫型激情，激情二元模型由此产生。在和谐型激情驱动下，当个体面对自己喜欢的活动，能够主动产生积极的情感，这种积极情感能够赋予个体坚定的信念、促进创造性想法的产生。在强迫型激情驱动下，个体无法自由选择自己喜欢的活动，由此产生压力与不满，甚至会带来消极情感；类似地，Ho 等（2014）[①] 基于自决理论（STD），将创业激情划分为和谐型创业激情与强迫型创业激情，划分的依据是创业者身份如何内化到创业活动中去。和谐的激情是指个体对某项活动能够意志饱满地全情投入，而且能够将此项活动自主内化，而强迫的激情是指个体在外部压力下进行某项活动，可能伴随消极怠倦的情绪，对于此项活动表现出的是一种强制内化的情感。

三维视角方面，Cardon 等（2009）则根据个体身份的不同，将创业激情划分为创建激情、创新激情和发展激情，分别对应发明家、创始人和发展者三种不同的身份。类似地，苏郁锋和吴能全（2015）[②] 也从三维视角出发，提出激情包括情感激情、认知激情和行为激情，且这三种激情相互作用、不可分割。

（二）创新激情测量综述

Vallerand 等（2003）基于对创业激情的维度划分，创建了如表 2.4 所示的激情量表，共包含 14 个测量题项。

---

① Ho V T, Pollack J M. Passion isn't always a good thing: Examining entrepreneurs' network centrality and financial performance with a dualistic model of passion [J]. Journal of Management Studies, 2014, 51（3）：433–459.

② 苏郁锋, 吴能全. 创业激情对创业者说服投资人的作用机理——基于说服理论的中介模型 [J]. 财经问题研究, 2015, 37（11）：60–65.

表 2.4 和谐型激情、强迫型激情测量量表

维度	题项
和谐型激情	在创业过程中会有新发现，这使我更钟爱创业
	创业反映出我认同自己
	创业活动与我的生活是没有冲突的
	对我来讲，创业是一种难以自控的激情
	我完全投入自创业活动中
	创业让我拥有了各种不同的经历
	创业让我有了许多值得回忆的经历
强迫型激情	创业活动是我生活中不可或缺的一部分
	创业愿望非常强烈，使我不自觉投入其中
	我很难想象假如没有创业，我的生活将是什么样子
	我的情绪取决于创业活动的影响
	我觉得很难控制自己不去创业
	我近乎迷恋于创业活动
	我的心情取决于自己是否能够做好创业活动

Cardon 等（2009）针对创业活动中的不同身份，开发了一个包含创建激情、创新激情、发展激情的三维量表，共 15 个题项。其中，创建激情是参与创造新企业相关活动的激情；创新激情是指创业者识别和探索新机遇的激情；发展激情是创业者参与新企业成长和发展活动的激情。值得注意的是，此量表的创建在一定程度上有助于推动创业激情的相关研究，得到学界广泛运用。具体题项如表 2.5 所示。

表 2.5 创建激情、创新激情和发展激情测量量表

维度	题项
创建激情	能够成立自己的企业让我非常开心
	拥有自己的企业使我充满奋斗的动力
	将一个新企业培育成功是非常振奋人心的
	我有充足的精力来经营一家企业
	企业创建者是表明我身份的重要部分之一
创新激情	发现潜在市场需求并将其商业化令人十分愉悦
	寻找新想法对我来说是非常快乐的
	我有动力去找出将现在的产品或服务进行改进的方法
	在环境中寻找到新机会让我非常兴奋
	探索解决问题新的方案是表明我身份的重要部分之一
发展激情	我非常想要找到能够拓展产品或服务的员工
	能够获得为企业发展有利的员工是非常重要的
	提升员工和自我素质推动企业发展这一目标能够很好地激励我
	我能敏锐地识别到产品或服务的消费者
	培育和发展企业是表明我身份的重要部分之一

Cardon 等（2013）[①] 在将创业激情划分为创建激情、创新激情和发展激情的基础上，于 2013 年对量表做出了修改，并进一步提出了对每一种激情的测量。与 2009 年开发的量表相比，删除了两个信度相对较低的题项，分别为：我有充足的精力来经营一家企业、我能敏锐地识别到产品或服务的消费者。新的测量表见表 2.6。

---

① Cardon M S，Gregoire D A，Stevens C E，et al. Measuring entrepreneurial passion：Conceptual foundations and scale validation [J]. Journal of Business Venturing，2013，28（3）：373-396.

表 2.6　创建激情、创新激情和发展激情测量量表

维度	题项
创建激情	能够成立自己的企业让我非常开心
	拥有自己的企业使我充满奋斗的动力
	将一个新企业培育成功是非常振奋人心的
	企业创建者是表明我身份的重要部分之一
创新激情	发现潜在市场需求并将其商业化令人十分愉悦
	寻找新想法对我来说是非常快乐的
	我有动力去找出将现在的产品或服务进行改进的方法
	在环境中寻找到新机会让我非常兴奋
	探索解决问题新的方案是表明我身份的重要部分之一
发展激情	我非常想要找到能够拓展产品或服务的员工
	能够获得为企业发展有利的员工是非常重要的
	提升员工和自我素质推动企业发展这一目标能够很好地激励我
	培育和发展企业是表明我身份的重要部分之一

　　谢雅萍等（2016）[①] 对 20 位创业者开展了深度访谈，并在学界已有研究的基础上，结合我国创业现实情境，反复对量表进行修改，最终形成了一个五维（身份认同、愉悦、心流、韧性、冒险）激情量表，包括"我认为自己属于一个创业者""创业使我兴奋""我对自己的表现十分了解""我乐意去挑战新事物或新活动，并能承受环境中的压力"等 26 个题项。①身份认同是指个体了解创业者的角色意义并将这一角色内化为自身的认知模式，且做出与创业者身份相符的行为（Cast，2004）[②]。②愉悦是指创业者享受创业相关活动所产生的积极情绪。积极情绪是指个体由于受到内外某事件的刺激使其需要得到满足或者目标获得进展所引起的愉悦体验，而非常积极的情绪被认为是由于个体受内外事件的刺激，使得自我需要得到满足，从而产生非常愉

---

① 谢雅萍，陈小燕，叶丹容. 创业激情有助于创业成功吗？［J］. 管理评论，2016，28（11）：171-181.

② Cast A D. Well-being and the transition to Parenthood：An Identity theory Approach［J］. Sociological Perspective，2004，47（1）：55-78.

悦的感受。③心流是指当人们全心投入时，获得的一种贯穿全身的感觉。当个体的技能和挑战都很高，个体专注于某一项活动，就会产生心流体验。④韧性是对为达到某一目标而坚持不懈的心理品质的描述。在积极心理学中，韧性被认为是当遇到问题或者困境时，能够促使个体很快恢复，继续坚持，进而采用迂回方式取得成功（Luthans et al.，2007）[①]。⑤冒险者不顾危险地进行某种活动。

综上所述，考虑到创新组织边界跨越能力及产学研合作创新属性及主体特征，本书参考 Vallerand 等（2003）以及 Ho 等（2014）的研究，从二维视角出发，拟将创新激情划分为和谐型创新激情与强迫型创新激情，分别探讨它们在组织边界跨越能力和产学研合作创新绩效间所扮演的角色。并借鉴上述研究者们开发的量表，结合云南省产学研合作的具体情况进行修改。

三、创新激情的作用机制综述

在组织与管理领域，激情对于创造力和创新同样至关重要（魏昕等，2018）[②]。全球最大的卖鞋网站 Zappos 的创始人谢家华在淡到自己企业的成功经验时也强调，"激情，是驱动公司前进的燃料"（谢家华，2017）。"激情"在实践领域无数次被验证其重要性，但是在学术界的研究却方兴未艾。21 世纪初，积极心理学开始对激情进行理论与实证研究。Vallerand 等（2003）将激情描述为人们对喜爱的且认为重要的活动的一个"强烈倾向"，并愿意为此活动投入足够的时间和精力。激情的积极作用不仅在于促进单个组织积极行为与绩效的提升，同时可以从组织内部拓展到组织间层面，它对于企业甚至整个产业的发展都起着至关重要的作用，当参与共同研发或者共同合作项

---

①　Luthans F, Youssef C M, Avolio B J. Psychological Capital: Developing the Human Competitive Edge [J]. Journal of AsianEconomics, 2007, 8（2）：315-332.

②　魏昕，张志学. 团队的和谐型创新激情：前因、结果及边界条件 [J]. 管理世界，2018，34（7）：100-113+184.

目等的各个组织都充满激情时，这种跨越组织所传递的激情可以使各个独立的组织逐渐走出隔阂，引领各组织朝着共同的目标而奋进，从而更加容易获得可观的合作绩效。

综观激情研究领域，虽然很早之前社会心理学家就提出了激情，但激情与创业创新结合产生的创新激情，还属于一个比较新的话题。Laaksonen 等（2011）认为，创新激情是个体对商业机会搜索、观察外部市场、创新产品表现出的强烈倾向或意愿。Ho 等（2014）和 Ryan 等（2021）基于自我决定理论将创业激情划分为和谐型创业激情与强迫型创业激情，划分的依据是创业者身份如何内化到创业活动中去。循此划分方式可将创新激情分为和谐型创新激情和强迫型创新激情两个维度（方阳春等，2017)①。

（一）创新激情的前因变量相关研究综述

目前对创新激情前因变量的研究主要有：人岗匹配与资源赋能、创新氛围、创业教育、自主支持与身份认同。

（1）人岗匹配与资源赋能。杨皎平等（2021)② 认为，对于员工创新激情的调动来说，资源与技能均是非常重要的影响因素。员工会不会选择创新行为，愿不愿意为创新工作付出努力，会受到自身技能和资源的影响。如果员工某方面的技能通过人岗匹配得到唤醒，同时又能获得相应的资源支持，便会表现出较高的工作与创新激情。

1）人岗匹配方面，Therasa 等（2016)③ 的研究指出人岗匹配提升了 IT 员工的组织承诺，循此逻辑，人岗匹配也将对员工创新激情具有正向预测作用。首先，基于自我决定理论，创新激情的形成源于员工个体内化过程的自

① 方阳春，贾丹，陈超颖. 包容型人才开发模式对创新激情和行为的影响研究 [J]. 科研管理，2017，38（9）：142-149.
② 杨皎平，张珺，孙珊. 研发团队包容型人力资源管理实践对员工和谐型创新激情的影响研究 [J]. 中国人力资源开发，2021，38（8）：21-36.
③ Therasa C, Vijayabanu C. Person-job fit and the work commitment of IT Personnel [J]. Journal of Human Growth and Development，2016，26（2）：218-227.

主内化和控制内化两个过程（蒋昀洁等，2017）[①]；人岗匹配关注了工作、岗位对员工需求的满足，实现了员工个体技能与岗位需求的一致，使员工面临创新性工作时自主性更强，控制力也更强。其次，基于自我调节理论，创新激情的形成和维系源于员工调节自身做出和目标追求一致的协调反应（Collewaert V et al.，2016；Cardon M S et al.，2017），当员工与工作岗位相适应或相匹配时，基于动态调整和适应的匹配状态更容易产生和维系创新激情。最后，基于目标动力学理论，人岗匹配实现了企业目标、岗位目标与员工目标的融合一致，有助于激发员工的创新动力和创新激情（章凯，2014）。根据自我决定理论、目标动力学理论，员工在某些工作方面之所以具有强烈的内在动机，一方面，因为该工作符合其兴趣爱好、符合其具备相应的技能；另一方面，该工作的完成会得到周围人员或组织的认可。而人岗匹配就保证了员工的兴趣、能力与工作的一致，资源赋能则在组织目标与个体目标一致的前提下保证了员工从事的工作能够得到组织的有力支持。

2）资源赋能方面，Ajzen（1991）[②] 的研究指出，创新者的意图和行为在一定程度上取决于可获得的资源和有利的机会。在传统企业中，企业为员工安排岗位、给予岗位权责，员工不能随意获取创新资源，很多创意或创新除了表达受阻之外就是实施受阻；在新环境下，企业转变为资源网络平台，此时吸引员工的不再是组织内的岗位或对应岗位的权力、责任、利益等机制，而是员工可以实现自我价值取向和自我成就目标的资源支持和保障（Idris A et al.，2018）[③]，资源的可获得、易获得性将会极大鼓励员工的创新激情和行为。当企业的资源赋能强，即员工感知到资源的可获得性容易时，人岗匹配

① 蒋昀洁，张绿漪，黄庆. 工作激情研究述评与展望 [J]. 外国经济与管理，2017，39（8）：85-101.

② Ajzen I. The theory of planned behavior [J]. Organizational behavior and human decision processes，1991，50（2）：179-211.

③ Idris A，See D，Coughlan P. Employee empowerment and job satisfaction in urban Malaysia Connecting the dots with context and organizational change management [J]. Journal of organizational change management，2018，31（3）：697-711.

所激发的自主性、兴趣爱好更容易转化为创新意图，并使创新意图具有可实施性，从而进一步增加创新激情。当企业的资源赋能弱，即员工感知到获取创新资源流程复杂、获取难度较大时，人岗匹配所激发的创新意图、创新冲动很难维持，即使出现创新激情也会因为资源受阻而不得不放弃（杨皎平等，2021）。

（2）创新氛围。现有研究发现，创新氛围、公平氛围、人际关系氛围等组织氛围（或团队氛围）作为一个情境因素对置身其中的员工动机及员工行为具有重要的影响（段锦云等，2014）[①]。朱潋等（2007）发现团队创新气氛对于学习型组织的一系列学习行为会产生正面影响。当基于优势的创新氛围较好时，即团队营造出一种激发个体创新优势的氛围时，一方面，员工的外在自主性动机得以持续；另一方面，员工的一些创新特长、创新优势被领导或团队高度重视时，团队将会提供诸多便利条件，此时员工自我决定的内在效应将会得到稳定发挥（Owens et al.，2019）。Kang et al.（2016）[②] 实证研究表明，良好的创新氛围倾向于鼓励表达、分享和讨论，能够增加创新工作乐趣和吸引力，而团队领导对员工创新工作的鼓励和肯定，更强化了员工对创新工作的意义感知，满足了人类固有的好奇、追求挑战以及发展自身能力的先天倾向，有助于增强员工和谐型激情。当基于优势的创新氛围较差时，即员工认为研发团队强调按章办事、不鼓励个性发展时，一方面，员工的外在动机很难内化；另一方面，员工会认为自身的一些特长并无用武之地，或者并不能贡献组织工作绩效（Santos 和 Cardon，2019），此时即使员工具有创新的内在动机，但考虑到团队并不能提供相关外部条件，其内在动机也无法得到稳定发挥，因此和谐型创新激情的发生频率将大大降低（杨皎平等，

---

① 段锦云，王娟娟，朱月龙．组织氛围研究：概念测量、理论基础及评价展望［J］．心理科学进展，2014，22（12）：1964-1974.

② Kang J H, Matusik J G, Kim T Y, et al. Interactive effects of multiple organizational climates on employee innovative behavior in entrepreneurial firms：A cross-level investigation［J］. Journal of Business Venturing, 2016, 31（6）：628-642.

2021）。

根据自我决定理论，组织中的环境因素若能满足个体自主、能力和归属等基本心理需求，则能够强化内在动机，促使行为得以维持和提升（Ryan，2000）。创新氛围是员工对创新环境的主观心理感受，可以衡量组织或部门支持创新的程度（Morgeson，2015）①。通过强化创新动机、增加相关资源、完善支持性管理实践，良好的创新氛围能够强化员工持续创新行为（Woodman，1993）。在创新领域，作为重要的环境因素，良好的创新氛围所提供的一系列自主支持，不仅能够强化员工创新价值观，也能够满足其自主需求，有助于提升个体对创新工作的和谐型激情（杨仕元，2018）②。例如，Liu et al.（2011）研究显示，部门或团队领导的自主支持、团队成员的自主导向，能增强个体顺利完成创新工作的信心和内在动力，有助于激发团队成员的和谐型激情。

（3）创业教育。创业教育可以增加潜在创业者的创业知识，提升他们的创业激情。这是因为创业激情包含两个方面：积极情绪和身份认同，创业教育可以通过影响积极情绪和身份认同，进而影响创业激情。Donnellon 通过对某创业课程进行追踪调查，指出各种形式的创业教育都能够通过提升自我认同感而促进创业激情。

（4）自主支持与身份认同。Cardon et al.（2017）指出共享身份描绘的不是"我是谁"，而是"我们作为一个整体是谁"，这种共享身份正是团队激情与个体激情最大的不同之处，也是形成团队激情的基石，驱使整个团队为了所热爱并内化的事物共同投入时间和精力。在形成团队共享身份的过程中，成员自我与团队的一致性使得这一过程更加顺畅，进一步有助于共享身份的建立，使得团队层面上的激情成为可能（魏昕等，2018）。另外，和谐型激

① Morgeson F P, Mitcheli T R, Liu D. Event system theory: an event-oriented approach to the organizational sciences [J]. Academy of Management Review, 2015, 10 (1): 515-537.

② 杨仕元，卿涛，岳龙华. 从支持感到员工创造力——二元工作激情的联合调节作用 [J]. 科技进步与对策，2018，35 (4): 108-117.

情的理论根源是自我决定理论中提到的自主动机。当人们的自主需求、胜任需求和情感需求得到满足的时候，会产生一种"自我决定感"，因而能够自主地而非受外在左右地选择从事某些活动，即形成自主动机（Deci 和 Ryan，1985；Gagne 和 Deci，2005）。具体来说，创新的自主动机包括重视创新本身，而不是因为外在的奖励或压力去创新，愿意冒险而非墨守成规，对自己从事创新的能力充满信心等（Amabile，1988）。关于身份认同，Vallerand et al.（2007）指出，激情和身份认同相关，Murnieks（2016）[①] 进一步指出创业者身份认同可以产生创业激情，因为当参与的创业活动得到认同时，创业者会有积极的情感体验，进而产生激情。Cardon et al.（2012）[②] 则实证检验了身份认同对创业激情的积极影响。

其实，上述包括人岗匹配与资源赋能、创新氛围、创业教育、自主支持与身份认同都可以通过人力资源管理来实现。包容型人力资源管理实践可以通过营造基于优势的创新氛围、对人员的合理岗位分配、效益最大化的资源分配、激发员工的自我决定感等路径提高员工的创新激情（杨皎平等，2021）。

（二）创新激情的结果变量相关研究综述

对创新激情结果变量的研究主要有：创新意愿、创新行为和创新绩效、员工创造力。

（1）创新意愿。创新意愿是个体意愿在创新领域的具体表现，是员工在组织情境氛围的驱动下产生的内部动机，外部的情境因素会促进或抑制员工自主需要满足和关系需要满足，从而影响员工从事创新活动时的内部动机，

---

① Murnieks C Y, Cardon M S, Sudek R, et al. Drawn to the fire: The role of passion, tenacity and inspirational leadership in angel investing [J]. Journal of Business Venturing, 2016, 31 (4): 468-484.

② Cardon M S, Foo M, Shepherd D, et al. Exploring the Heart: Entrepreneurial Emotion Is a Hot Topic [J]. Entrepreneurship Theory and Practice, 2012, 36 (1): 1-10.

引起创新行为和创新效果的差异（崔楠等，2013）①。一般而言，员工创新态度越积极、主观规范越大、知觉行为控制越强，创新意愿就越强，反之越弱（Ajzen，1991）。个体拥有的积极的情绪可以激发创造力。方卓等（2016）②从激情的含义出发，研究两者间的关系，发现在激情的影响下，组织成员的创新意愿会正向增加。Madjar et al.（2002）证实，具有积极情绪倾向的个体，在面对压力时会积极寻找不同的压力解决对策，其思维更跳跃、行为更积极，也更具有创新精神。

（2）创新行为和创新绩效。员工创新行为是员工自发在组织活动中识别问题，产生解决问题的创新型构想，并积极寻求资源，推动创新想法落地和推广的一系列过程。根据情绪感染理论，积极的情绪会激发新企业员工对创新互动的投入度。情绪作为行动的内驱力，稳定和积极的情绪状态有助于创新行为的发生（陈权等，2013）③。同时，和谐型激情能通过创造力自我效能感影响员工创新绩效。具体而言，和谐型激情、员工创新绩效都强调员工认知情感投入，创造力自我效能感贯穿和谐型激情向创新绩效转化的过程中。和谐型激情由内在动机驱动，能使员工处于一种活力、奉献和专注的积极情绪状态，使其即使面对那些需要学习与创新的工作任务对自身创新能力也充满信心，从而推动员工实现创新绩效（黄庆等，2019）④。Chen et al.（2009）认为拥有高度激情的个体会倾向于积极采取行动将想法转化为实践。其中，强迫型激情通过认知机制作用于员工积极行为，和谐型激情则通过二元机制作用于员工的积极行为（蒋昀洁等，2017）。其原因在于和谐型激情的内在

① 崔楠，江彦若．商业模式设计与战略导向匹配性对业务绩效的影响［J］．商业经济与管理，2013（12）：45-53.

② 方卓，张秀娥．创业激情有助于提升大学生创业意愿吗？——基于六省大学生问卷调查的研究［J］．外国经济与管理，2016，38（7）：41-56.

③ 陈权，施国洪．情绪智力对创新型团队绩效的影响研究［J］．科学管理研究，2013，31（5）：71-75.

④ 黄庆，张梓暖，蒋春燕．有激情的员工更能创新吗——认知视角下的调节中介模型［J］．科技进步与对策，2019，36（12）：137-144.

动机和认知吸收特性（Liu et al.，2011；Ho et al.，2014）。一方面，和谐型激情属于受内在动机驱动的正向情感，反映了个体心理需求的满足程度。当基本心理需要得到满足以后，员工会产生强烈的内在动机，从而自发地做出一系列创新行为。已有研究表明，员工自主需求、关系需求和能力需求的满足对其创新行为有显著正向预测作用（赵斌等，2016）①。和谐型激情本身的积极情感属性则能直接影响员工工作状态，让员工体验到兴奋与活力，从而促进创造性结果产生。这一积极情绪倾向促使员工有动力不断地增加工作投入，从而获得更好的工作绩效。另一方面，和谐型激情是员工对工作自主性感知的一种情绪表现形式，这种自主性感知的内化将通过提升个体主动性促进员工创新绩效提升（黄庆等，2019）。周键（2022）② 认为创业激情有助于提升创业者的资源拼凑行为，创业者的资源拼凑行为有助于提升新创企业的绩效表现。

和谐型激情来自自主内化，在个体自我概念中根深蒂固，这种稳定的内在自我结构保证了个体即使在面对挑战性和不确定性情境时，其行为仍然能保持相对稳定和持续性（Vallerand，2003）。因此，在创新过程中，和谐型激情能够引导个体获得更多自主权。对自主权的感知有助于个体主动适应创新工作，产生持续创新行为，同时，和谐型激情能够使个体持续不断地产生兴奋感和工作能量，引导员工在不同想法之间建立联系，创造性地解决工作中存在的问题（Mageau，2010）。具有高和谐型激情的员工，能够对挫折与失败进行客观情绪判断和理性行为调整，不断推进和完善创新行为（Schellenberg，2015）③。此外，具有高和谐型激情的员工更容易对外界支持作出正面

① 赵斌，韩盼盼. 基于扎根理论的员工主动创新行为双路径产生机制研究［J］. 管理学报，2016，13（7）：1003-1011.

② 周键. "情绪—行为—绩效"视角的创业激情研究［J］. 科研管理，2022，43（1）：200-208.

③ Schellenberg B J I, Bailis D S. Can passion be polyamorous? The impact of having multiple passions on subjective well-being and momentary emotions［J］. Journal of Happiness Studies，2015，16（6）：1365-1381.

解释，塑造积极的创新角色认同和组织认同（Kong，2016）[1]，从而产生持续创新的力量。相反，当和谐型激情较低时，外部动机无法自主内化，员工会因此缺乏持续创新的内驱力。魏昕、张志学（2018）研究发现变革型领寻行为能够激发团队的和谐型创新激情，而这种激情在团队有较高程度的反思的时候，能更有效地促进团队创新绩效。

（3）员工创造力。根据情绪传染理论，在组织情境中，员工个体的情绪和工作行为会受到周围其他员工情绪和行为的影响，他们通过"模仿—反馈"机制无意识地模仿其他员工（尤其是有影响力的榜样员工）的面部表情、手势、姿态、语音、语调等信息，从而促进情绪状态的整合、承诺状态的同步以及行动倾向的一致（Barer，2006）[2]。在企业发展的各个阶段，充满激情的企业家都努力通过各种方式和手段来展现和传递自己的创业激情，激发员工的工作激情，当员工感知到创业激情时，他们会更具有创造力，因为激情感知作为一种灵感来源，在产生新颖的、高质量的想法时，能够提升员工的思维灵活性（Hubner，2020）[3]。由于创业者与员工之间存在许多交流互动的机会，这为创业者与员工之间的激情传染与转移提供了充分条件（Cropanzano，2017）。当员工充分感受到创业者的激情和信心时，其与创业者就产生了情绪共鸣，促进了激情在组织内部的传播，员工之间的社会交流更加活跃，他们更加热衷于从事创造性活动，在工作中也更具有创造性。于海云等（2022）[4] 研究指出创业激情与员工创造力之间均具有正向调节作用。创

① Kong D T. The pathway to unethical pro-organizational behavior: organizational identification as a joint function of work passion and trait mindfulness [J]. Personality & Individual Differences, 2016, 93 (4): 86-91.

② Barer P B, Grandey A A. Service with a smile and encounter satisfaction: emotional contagion and appraisal mechanisms [J]. Academy of management journal, 2006, 49 (6): 1229-1238.

③ Hubner S, Baum M, Frese M. Contagion of entrepreneurial passion: effects on employee outcomes [J]. Entrepreneurship Theory and Practice, 2020, 44 (6): 1112-1140.

④ 于海云，许希，商燕劼. 创业激情能够激发员工的创造力吗？——基于情绪与认知的双重机制研究 [J]. 科技管理研究，2022，42 (7): 153-162.

业者可以通过激发员工的创业激情、和员工达成战略共识、增强员工的工作意义感，来激发员工的创造力，进而提升企业的创新绩效。商燕劼等（2019）研究了创新激情影响员工创造力的作用机制，分析了知识分享意愿和心理安全感对创新激情与员工创造力间关系的中介和调节作用。结果表明：创新激情对员工创造力具有积极影响。秦伟明和赵曙明等（2015）[①]的研究也印证了员工的和谐型工作激情能够提升他们的创造力。创新激情促进个体将储存于大脑中的创新知识和技能转化为创新行动，使个体创造力在不断的创新实践中得到提升。富有激情的员工具有更高的自主性，在创新活动中表现出更强的适应能力和积极进取心。

（三）创新激情的其他作用机制相关研究综述

（1）调节作用。创业激情和创新激情作为组织创业创新中富有感情色彩的动力源泉，在企业建立、成长、创新过程中无不发挥着重要的调节作用。它们会影响团队整体的情绪氛围，从而影响团队个体情绪，而团队内个体情绪又会在彼此间不断感染、传递和转移（朱秀梅等，2021）[②]。特别是在创业创新活动遭遇挫折时，在强大的创业激情和创新激情的鼓舞下，团队更有可能重拾信心，迸发出顽强的生命力。

情绪是行为的内驱力，连续创新的再次发生通常需要在稳定和积极的情绪状态下进行（陈权等，2013）。当创新团队遭遇失败，而这个团队拥有强烈的创新激情，团队成员都感受到这种创新角色激情时，面对失败就能够坚持下来并更富有韧性（Cardon et al.，2009）。创新激情增强了团队成员的认知、创新动机以及机会识别（Laaksonen et al.，2011）。同时，Lee K Y et al.（2014）指出创新激情可以调控和激发成员的思维活动，增强对事物之间的

① 秦伟平，赵曙明，周路路，李晋．真我型领导与员工创造力：中介性调节机制［J］．管理科学学报，2016，19（12）：83-94.

② 朱秀梅，董钊．创业叙事对团队创业激情的影响研究［J］．管理学报，2021，18（4）：569-577.

敏感度和认知度，发现事物之间的相似性和差异性，更有可能整合多样化的资源，积极主动地从失败中找出原因，并启动失败复原，发现、捕捉并解决问题。李悦等（2012）[①] 发现创新激情可以调节因失败带来的团队冲突，优化团队的管理流程，提升团队成员之间的凝聚力，进而促进创新行为的发生。孙甫丽等（2019）[②] 指出创新氛围与和谐型激情均对员工创新行为持续性具有正向调节作用。创新氛围越好、员工和谐型激情越高，员工就越有可能展现持续创新行为。谢雅萍等（2021）指出，团队创新激情调节了创新失败复原与连续创新行为之间的关系。解学梅等（2021）[③] 研究指出，创业激情提升了适度水平的自恋与新创企业绩效之间的积极作用，让创业者全身心投入创业活动，从而改善企业绩效；同时，创业激情会增强高度自恋对女性新创企业绩效的负面影响，不利于识别机会和企业成长。

（2）中介作用。有关创新激情的中介作用机制的研究与其调节作用有很多相似点，都表现为对创新行为产生的影响。自我决定理论认为，和谐型激情集情感、认知和态度于一体，是外界环境影响个体行为的重要中介变量（Zigrmi et al.，2018）[④]。根据自我决定理论的观点，环境因素一般通过内摄、认同和整合三种调节方式产生不同程度的内化（Ryan et al.，2000），而和谐型创新激情正是这种外在动机自主内化的结果，它既是高度自主的调节方式，又是沟通外界环境与个体行为的重要桥梁（Zigrmi，2018）。也就是说，如果外界环境可以满足员工充分发挥自身的能力，鼓励员工自我表达、积极沟通并及时分享工作经验，同时给予其更多鼓励和肯定，营造开放互动的工作氛

① 李悦. 组织创新导向的内涵及其对组织创新绩效的影响研究 ［J］. 中国科技论坛，2012（11）：5-10.

② 孙甫丽，蒋春燕. 自我决定视角下创新氛围、和谐型激情与员工持续创新行为研究 ［J］. 科技进步与对策，2019，36（10）：138-145.

③ 解学梅，吴永慧，徐雨晨. 女性创业者自恋人格与新创企业绩效关系研究——政治关联和创业激情的调节作用 ［J］. 研究与发展管理，2021，33（5）：13-24.

④ Zigrmi D, Galloway F J, Roberts T P. Work locus of control, motivational regulation, employee work passion, and work intentions: an empirical investigation of an appraisal mode ［J］. Journal of Happiness Studies, 2018, 19（1）：231-256.

围，那么员工就会自觉被这种氛围吸引，更能体验到工作的意义，并以更强的激情投身工作（Deci et al.，2017）。Liu et al.（2011）检验了自主性和创造力之间的关系，研究显示，作为创新氛围的重要维度，组织自主支持对员工创造力具有显著正向影响，和谐型激情则在此过程中起中介作用。Spiegelaere et al.（2014）针对工作不安全感、工作自主性与创新行为之间关系的研究显示，员工工作激情在三者关系中起中介作用，良好的创新氛围带来了安全感和自主感，增强了员工创新工作激情，促进创新行为得以维持和发展。孙甫丽等（2019）将员工创新行为分为两个阶段，研究发现创新激情中介了创新氛围对这两个阶段关系的调节效应，即创新氛围通过激发员工和谐型激情，实现对其持续创新行为的正向调节作用。

结合上述综述对创新激情的作用机制做一个总结。动机内化过程带来两类激情：和谐型激情和强迫型激情。和谐型激情产生于外部动机内在化过程，是高度自主的工作激情（Zigemi et al.，2018）。根据自我决定理论的观点，人们天生具有自我决定和自我掌控的心理需求，倾向于内化最初由外部因素促成或调节的活动，将动机从外部控制转变为完全自主（Ryan et al.，2000），根据自我调节理论，只有在个体相信自己的行为可以产生期待的效果时，才能很好地产生行为动机。创新自我效能感水平越高的员工，越可能把创新视为一种挑战，反之则越可能把创新视为一种阻碍（杨付，2012）[1]。而包容性人力资源管理通过资源赋能、人岗匹配、创新氛围、身份认同等促进员工创新激情的形成与增加，在这个过程中，创新自我效能感发挥了重要的中介作用。在创新激情形成之后，通过影响员工的行为，会对企业的创新意愿、创新行为、创新绩效产生影响。同时，创新激情在整个创新活动当中都会对创新行为产生影响，如果企业在创新过程中遭遇了挫折与失败，创新激情可以促使企业重整旗鼓，正视失败，重新开启创新活动。创新激情在企

---

[1]　杨付，张丽华.团队成员认知风格对创新行为的影响：团队心理安全感和工作单位结构的调节作用 [J].南开管理评论，2012，15（5）：13-25.

业创新活动中的作用不可忽视，遗憾的是，大多数现有研究都是有关创新激情前置变量与结果变量的，有关调节与中介机制的研究十分稀缺。

第四节　文献述评

通过梳理已有研究成果可知，学者们对组织边界跨越能力、产学研合作创新绩效、创新激情等内容进行了探讨，获得的进展主要集中在以下两方面：

其一，关于组织边界跨越能力方面的研究。对组织边界跨越能力的内涵进行界定（Ancona，1992；Levina et al.，2005；Koch，2010；Zhang et al.，2011；欧阳桃花等，2012；Du et al.，2013），从不同视角对组织边界跨越能力维度进行划分（Kodama，2007；Jonsson，2009；Rothaermel，2009；Escribano et al.，2009；Kimble，2010；郭瑞杰，2011；欧阳桃花等，2012；吴悦等，2012；任胜钢，2014），将为本书相关研究提供最为直接的理论基础。

其二，关于产学研合作创新绩效方面的研究。基于不同研究目标及内容，从不同角度对产学研合作的内涵进行界定（薛卫，2010；孙卫等，2012；Hemmert et al.，2014；Galan 和 Plewa，2016），以成果性绩效指标和成长性绩效指标来测量产学研合作创新绩效（Geisler，1995；Adams，2001；张万宽，2008；金芙蓉和罗守贵，2009；Zahra 和 George，2002；车维汉和张琳，2010；刘小真等，2010），基于不同研究视角和研究方法对产学研合作创新绩效前因进行分析（胡恩华和郭秀丽，2002；谢志宇，2004；曹静等，2010；肖丁丁等，2011；樊霞等，2012），上述研究成果将推动本书后续有关产学研合作创新绩效的理论构建。

现有研究取得了一定成果，但仍存在以下局限性：

其一，关于产学研合作创新绩效方面的研究。以往相关研究主要集中在项目合作方特征、技术水平、创新能力、外部环境及政府资助等方面，很少有学者基于企业自身能力视角展开研究。因此，本书在前人研究的基础上，尝试从"组织边界跨越能力"这一视角出发，分析其对产学研合作创新绩效的影响，拟为产学研合作创新绩效研究的理论和实践做出一定贡献。

其二，关于创新激情方面的研究。创新激情是个相对较新颖的话题，目前还处于探索阶段，相关研究较匮乏。即使存在少量研究，也更多地停留在理论研究阶段，缺乏相关实证研究。这不仅无法为创新激情相关研究提供理论支撑，而且不利于创新活动的有效开展。缺乏工作激情对员工创新行为的整合性探讨。存在少量研究探讨了工作激情对员工创新行为的影响，但是在研究工作激情对员工创新行为的影响中，学者们一般将工作激情变量作为单一维度进行研究。因此，本书拟采用规范性实证研究法验证创新激情在组织边界跨越能力和产学研合作创新绩效间的关系，不但有助于更加深刻地了解组织边界跨越能力的边界问题，而且对推动创新激情的理论构建及创新活动的开展也有一定的促进作用。

其三，关于员工创新行为的研究比较丰富，但仍有一些不足之处。现有的创新激情理论分析和实证研究，绝大多数聚焦于个体层面，而对团队层面的激情关注不足。这一状况不利于理解激情如何影响创造力的最终产出——创新。绝大部分创新并非由个人单独完成，而是由若干成员组成的团队共同完成（Andersen et al., 2014）。更有学者指出，创新活动已经超越了个人层面的努力，研究者需要关注创新主体从事创新这项活动的内在动机。在仅有的关于团队激情的理论研究中，Cardon et al.（2017）关注团队激情的内生和演变，即团队成员之间的个体激情的相似性或差异性如何影响团队激情的形成，以及团队激情如何反过来影响个体激情。这一研究为理解团队激情的产生、个体激情与团队激情的相互影响提供了新的理论视角，但其局限在于，上述过程发生的前提是，团队当中至少有一些成员一开始就具备较高的个体激情，才能感染他人，形成团队激情。因此，那些个体初始激情较低的团队被排除在 Cardon et al.（2017）的团队激情研究之外。

其四，以往研究缺乏理论基础。以往大多数研究直接阐述工作激情与相关变量之间的关系，对其中理论基础的关注程度不够，在研究模型与假设推导过程中缺乏理论支撑，直接阻碍了对工作激情与员工创新行为两个变量关系的进一步研究。

综上所述，本书在前人研究的基础上，针对现有研究的局限性，拟以组织边界跨越能力为解释变量，产学研合作创新绩效为被解释变量，创新激情为调节变量，企业成立年限、规模、性质等为控制变量，展开相关理论与实证研究。

第三章 理论分析与研究假设

第一节 理论基础

一、动态能力理论

企业是否具有竞争优势是其生存和发展的关键条件。如果企业不对自身所拥有的资源、能力进行创新与改造，那么将很难适应动荡的环境与应对众多的竞争者。传统的资源基础理论强调了企业稀缺资源的重要性，却并未关注如何获取这些资源。有学者指出，这一传统理论只适用于企业在静态环境中获取对自身有利的资源，难以适应当今复杂多变的动态环境（Priem 和 Butler，2001）。随后，Prahalad 和 Hamel（1990）提出了"核心能力"的概念，并指出，专有知识和信息是核心能力的构成基础，可以通过学习提高核心能力，进一步提升企业竞争优势。然而，企业资产专用性和路径依赖产生的资源和能力并不适应日益变化的外部环境，甚至会阻碍企业发展。正是由于在动态环境下持续竞争优势难以存在，核心能力理论在动态环境中必然显得逊色，同时也由于核心能力本身的刚性缺陷，使得核心能力理论难以进化为可以指导动态环境中的企业建立竞争优势的理论。这使得能力学派的另一个分支——追求迅速进行资源整合，以获得动态环境下的竞争优势的动态能力理论逐渐发展了起来，并且成为战略管理理论研究的一个新的热点。

动态能力最早的理论渊源可以追溯到演化经济学中解释组织演进的相关理论。这里我们的动态竞争力是在整合了以往独特竞争力、组织惯性、结构性知识、核心竞争力等理论观点的基础上提出的。它弥补了以往理论中单从企业内部或者外部考虑企业能力的不足，其中，"动态"要求企业要延续或者构建自身能力以与企业外部环境相适应，而"能力"一词则要求企业在战略管理中要重视企业能力，多侧重于企业内部。动态能力理论考察企业如何通过整合、构建、重新配置内外部资源和能力生成一种新能力，使其适应快速变化的环境。

自 1994 年 Teece 和 Pisano 提出动态能力理论以来，学者们分别从不同视角对动态能力做出了相关的定义。Collis（1994）最早提出企业能力阶层观。他将企业能力分为三种：基本职能活动开展的能力、动态提升业务活动的能力和自我潜能的认知和开发能力及执行能力①。Winter（2003）就以 Collis 的企业能力分类为基础提出了动态能力阶层模型。他认为，广义上企业的动态能力可以分为三种：零阶能力、一阶能力和二阶能力。零阶能力是指只可以保障企业生存基础的能力，与组织能力分类中的第一种能力对应。一阶能力是指企业对于环境的适应能力，二阶能力是指企业创造新能力的能力。一阶能力和二阶能力是比零阶能力更为高级的能力，分别对应 Collis 的组织能力分类中的后两种能力，Winter 认为它们是狭义上的能力②。Wang 和 Ahmed（2007）认为所谓的企业动态能力从广义讲是一个阶层概念，包含适应能力、吸收能力以及创新能力。他们认为企业的资源可以分为零阶能力（企业的资源基础）、一阶能力（生存技能）、二阶能力（核心能力）和三阶能力（更

---

① Collis D J. Research note：how valuable are organizational capabilities［J］. Strategic Management Journal，1994，15（1）：143-152.

② Winter S G. The satisfying principle in capability learning［J］. Strategic Management Journal，2000，21（3）：981-996.

新、调整、整合、重构以及再造能力和环境适应能力）。其中，范式转变期体现的动态能力是三阶能力[①]。Teece、Pisano 和 Shuen（1997）认为动态能力是一种对现有的组织资源和能力进行整合和重构的适应性机制，它嵌入在组织由位势和路径塑造的流程中，形成了企业不可复制的核心竞争力。由此，可以将动态能力界定为三个维度：定位、路径、流程。其中，定位（Position）以定位学派和资源学派的部分理论观点为基础，指企业不同资源之间的组合方式和结构以及资源存量。它可以分为内外部定位两部分，包括独特技术、企业声誉、智力产权禀赋、组织结构、补充性资产、客户基础等企业的内部定位和企业行业结构、竞争环境以及市场地位等外部定位。路径（Path）即企业发展的历史过程，包括路径依赖、企业惯例、组织学习、技术机会。路径依赖理论认为企业过去的发展方式影响着企业当前和未来的行为。流程（Process）是动态能力的核心要素，是指组织与管理的协调与整合、学习和创造与重构的过程。

组织始终处于与外界进行互动交流的过程当中，会受到外部环境的影响。组织是由两个以及两个以上的人组成的，同时受到内部组织结构等各个方面的影响。动态能力形成的影响因素也可以归结为内部因素和外部因素。内部因素方面，Teece 等认为企业内外部能力包括组织技能、资源和职能能力，动态能力置于其管理和组织流程之中，这种流程的形成是由其（特殊）资产情况和其可利用途径决定的。Subba（2001）认为动态能力的形成主要由两个因素决定：一个因素是组织设计，建立由中层经理领导的组织，可以促进企业业务多样化的动态能力；另一个因素是人力资源管理[②]。Gavetti 和Levinthal（2000）认为构成企业动态能力的知识主要取决于管理者的认知[③]。

---

① Wang C L, and Ahmed P K. Dynamic capabilities: A review and research agenda [J]. International Journal of Management Review, 2007, 9 (1): 31-51.

② P N Subba. Narasimha Strategy in Turbulent Environments: The Role of Dynamic Competence [J]. Managerial and Decision Economics Manage. Dects. Econ, 2001 (22): 201-202.

③ Gavetti G & Levinthal D. Looking forward and look backward: Cognitive and experiential search [J]. Administrative Science Quaerly, 2000, 45 (1): 113-137.

焦豪（2008）认为企业家能力可以影响企业能力①。外部影响因素方面，外生环境观点指出，生态环境、社会环境条件是影响企业动态能力的决定因素，环境变化导致资源重新配置发生变化，形成企业之间的业绩差异（Cockbum，1990）②。外部制度环境发生变化时，企业相应的经济行为也必须进行适当的调整，使之符合制度要求，这在一定程度上制约或者改变企业动态能力的演化（张刚，2005）③。

二、资源互补理论

异质性资源是指区别于企业自身存在，且可为企业带来经营绩效的技术、知识、经验等资源，这些资源通常包括专利技术、市场管理知识、人力资本、技术经验等。这种与企业自身存在差异性的特质资源，决定了企业在应用时需要付出额外的成本。

组织间资源互补能显著提升合作创新绩效，理论界与产业界已有丰硕成果。流通企业可通过与其他流通组织开展合作，实现资源共享，从而减少不必要的费用，并获得更多的资源用于企业发展。组织间资源互补能显著提升合作创新绩效。资源基础观认为，企业所拥有的异质性资源构成了其竞争优势的来源。Milgrom 和 Roberts 认为通过互补效应，与其他资源组合，产生的效益大于单一效益，获得资源增值。组织间互补资源可产生新知识、新技术等新资源，通过规模经济提高合作绩效④。Man 等指出资源互补使个体自身

---

① 焦豪，魏江，崔瑜. 企业动态能力构建路径分析：基于创业导向和组织学习导向 [J]. 管理世界，2008（4）：91-106.

② Cockbum I M，Henderson R & Stem S. Untangling the origins of competitive advantage [J]. Administrative Science Quarterly，Entre Preneurship and Dynamie，1990（35）：128-152.

③ 张刚等. 企业组织网络化发展 [M]. 杭州：浙江大学出版社，2005.

④ Milgrom P，Roberts J. The economics of modern manufacturing：Technology，strategy，and organization [J]. American Economic Review，1990，80（3）：511-528.

能力得到突破，合作整体水平得到提升①。王丽平等以网络关系强度、交互能力为调节与中介变量，验证了资源互补对合作绩效的影响机制②。对企业而言，现有资源能够让企业维持原有竞争优势；拥有新资源能够让企业提升自身实力，扩大竞争优势；核心资源构成了企业的核心竞争优势，能够让企业在复杂的动态环境中立于不败之地；而创新资源能够提升企业的创新能力，让企业产生可持续的竞争优势。因此，企业希望投入越来越多的资源来增强自身的创新实力。然而，单一的资源往往很难给企业带来优势。Teece（1986）指出，创新资源只能给企业带来新产品，互补性资源有利于创新资源更好地发挥对企业绩效的促进作用。互补性资源难以被模仿和替代，从而能够形成企业的持续竞争优势，使企业立于不败之地。资源互补理论认为，企业自身资源往往难以满足创新的需求，通常会选择和其他企业进行合作创新，利用其他企业资源产生互补效应，提升自身的竞争实力。

同时，异质性资源互补匹配受到多种因素的影响。现阶段，流通企业与潜在合作伙伴之间存在信息不对称，这就使得不同的潜在合作对象的资源质量差异较大（任宗强、吴志岩，2012）③。另外，由于拥有异质性资源的合作伙伴可能处于企业的常规接触范围以外，流通企业需要增加搜寻投入，才能在一定程度上避免因选错合作对象而导致的高额损失（李柏洲、董媛媛，2012）④。同时，在流通企业与潜在合作伙伴合作的过程中，技术资源专有属性越强的企业，其在合作中的边际价值更高。这种通过合作得到的技术资源，

① Man A P D, Duysters G. Collaboration and innovation: A review of the effects of mergers, acquisitions and alliances on innovation [J]. Technovation, 2005, 25 (12): 1377-1387.

② 王丽平，何亚蓉. 互补性资源、交互能力与合作创新绩效 [J]. 科学学研究，2016，34 (1): 132-141.

③ 任宗强，吴志岩. 创新网络中的异质性、匹配度与能力动态仿真研究 [J]. 科学学与科学技术管理，2012 (8).

④ 李柏洲，董媛媛. 基于层次分析法的我国大型企业原始创新能力评价研究 [J]. 科技进步与对策，2010 (1).

能为合作双方提供长久竞争优势（陈劲等，2013）[①]；曹红军等（2011）[②]、杨荣（2017）[③]通过分析流通企业潜在合作对象的资产多样性、地域多样性以及资源整合力度等变量，对流通企业合作绩效进行了结构回归分析。其研究说明，潜在合作对象的资产多样性越丰富，能为流通企业提供的有形与无形资产越多，从而能促进合作双方形成互补优势。

三、组织边界理论

科斯最先提出了组织边界的概念（Coase，1937），他认为企业家不断调整企业的组织边界，使内部的组织成本与外部的交易成本趋于相等，从而实现组织规模与组织效率的均衡。以科斯为代表的交易成本理论认为企业的产生和发展是为了降低交易成本，但随着企业组织规模的扩张，企业的管理和组织成本也随之增大，以致超过了由此带来的交易成本的降低。当企业组织规模扩张到边际组织成本等于边际交易成本时，企业组织和市场的最优界限也就确定了，企业组织的边界也随之而定。实际上，在交易成本理论的范式内，企业组织的纵向规模和企业组织的边界是同时确定的，因为企业组织的纵向规模描述的是企业组织内化的市场交易的多少，最优的纵向规模与市场的交界就是企业组织的最优边界。科斯的发现为组织边界动态调整的相关研究奠定了理论基础。Aldrich 和 Herker（1977）发现，组织边界既是组织之间的分隔线，也是连接组织与外部环境的纽带，企业跨界的动机是应对技术变革等外部冲击。因此，组织边界的可跨越性假设部分取代了隐性的开放系统假设。交易成本理论和新古典经济学理论对组织边界理论的产生和发展起了

①　陈劲，梁靓，吴航. 开放式创新背景下产业集聚与创新绩效关系研究——以中国高技术产业为例［J］. 科学学研究，2013（4）.

②　曹红军，卢长宝，王以华. 资源异质性如何影响企业绩效：资源管理能力调节效应的检验和分析［J］. 南开管理评论，2011（4）.

③　杨荣. 网络能力的竞争优势——基于经济租金的视角［J］. 商业经济研究，2017，36（8）：87-90.

主要作用，之后出现的企业能力与竞争优势理论也在一定程度上对企业组织边界的定义产生了影响。

陆亚东等（2015）发现，跨界可以扩大企业的组织规模，整合可以提升企业的组织效率，跨界整合则可以促进组织规模与组织效率的动态均衡，由此提出了"跨界"与"整合"的战略匹配问题，并且认为跨界整合能够成为新兴市场企业解决资源能力"瓶颈"的一个可行路径。

从开放系统角度出发，组织与组织间是存在"边界"的，因此"组织边界"被很多学者研究。Scott（1992）指出，组织边界的存在，使组织被划分开来。同时，他还认为，以往研究主要关注于组织与组织间的边界。逐渐地，学界开始关注内部边界和外部边界。组织边界理论认为，边界是为了把组织中密切相关的人员、流程、活动以及产出等要素与其他组织进行隔离，为组织或组织内某一部门营造出一个相对稳定的内部环境。但不容忽视的是，封闭的组织边界把组织与外部进行了隔离，在一定程度上降低了组织的沟通效率，减少了组织对外部资源的整合与利用，使组织变得缺乏弹性。因而组织有必要跨越组织边界，加强与外部的沟通与合作，从外部获取对自身有月的资源，提高自身的竞争优势。组织边界的确定，对任何企业来说都是十分必要的。

社会分工作为一种生产方式，首先是独立的经济组织之间的专业化与协作，其次才是经济组织内部工作的专业化与协作，组织边界就是经济组织间专业化与协作的具体形式。没有组织边界，企业便不能在社会经济活动中自我定位，就失去了组织目标和立足点，因而无法生存。同时，恰如德鲁克所说，"组织的使命必须是单一的，否则，其成员会感到困惑难解"，"只有专一的使命，才能使组织具有凝聚力和创造力"。因此，组织边界明确了组织在社会分工方面的位置，创造价值的形式，构成其经济活动的前提。

总之，在组织成长过程中，组织通过不断渗透和扩张实现了自身边界的拓展；而组织大量跨界活动的产生，则使组织间的边界越来越模糊，以至于有研究者提出未来的组织结构形态是一种"无边界组织"①。当然，无边界组织并不意味着组织和组织间的边界已经消失，而是说变化着的组织结构需要重新确立边界②。

四、开放式创新理论

1912 年熊彼特在其代表作《经济发展理论》中首次提出了"创新"的概念。他用创新理论来解释经济发展中的问题。而后通过不断分析和运用，形成了较为完整的创新理论体系。传统的封闭式创新理论认为，企业自身拥有的资源与技术能够让企业获得竞争优势。在该理论指导下，企业更倾向于利用自身资源与技术进行自我研发，避免技术外泄给自身造成损失。渐渐地，企业规模不断扩大，自身资源已不能满足其发展壮大的需要，甚至对企业发展产生限制。企业对异质性资源的需求不断提升。在此背景下，Chesbrough（2003）提出"开放式创新"的概念。他指出开放式创新是企业为提升自身创新能力和创新绩效，人为使用创新资源跨越组织边界的流动，有效利用内部外部的资源与技术进行商业化的一种创新模式③。一方面，打破固有的封闭创新的理念，积极引进外部先进技术与资源，增强自身的创新实力，这种创新行为被称为内向型开放式创新；另一方面，企业坚持对外开放的理念，将自身技术与资源向外输送，在产生利润的同时，还能够和其他企业进行合作创新，实现资源效用最大化，为自身带来持续的竞争优势。此后，开放式创新这一术语在学术界广为使用，且从诸多全新视角对开放式创新进行界定，如经济学、管理学和社会学领域。

---

① Ashkenas R, Ulrich D, Jick T & Kerr S. The Boundaryless Organization: Breaking The Chains of Organizational Structure [M]. San Francisco, CA: Jossey Bass, 1998.

② Hirschhorn L & Gilmore T. The New Boundaries of the "Boundaryless" Company [J]. Harward Business Review, 1992, 70 (3): 104-115.

③ Chesbrough H W. Open Innovation: The New Imperative for Creating and Profiting from Technology [M]. Boston: Harvard Business school Publishing, 2003.

Chesbrough 和 Bogers（2014）从商业模式视角出发，将开放式创新定义为一种分布式创新过程，它基于有目的地管理跨越组织边界的知识流动，使用符合组织商业模式的经济和非经济机制①。张永成等（2015）基于开放式创新的前提、目的与手段，从开放、合作、创新这三个角度出发，对开放式创新进行划分②。徐佳等（2017）认为开放创新的实质是打破资源流动的边界约束，有效整合内外部创新资源，探索和发展相应的创新成果市场转化机制，共享创造的新价值③。谢明磊认为对企业而言，开放式创新成果包括本行业的创新产品与服务，而企业要实现产品与服务的创新则需要具备新的知识与能力，以适应不断变化着的市场需求④。

从层次视角来看，Lichtenthaler（2006）把开放式创新研究划分为三个层面：个体、项目与组织，三个层面相互作用与相互制约。从系统层面分析，Lichtenthaler（2011）表示，组织层面主要强调创新的动因、过程及与之相匹配的组织架构、制度、文化等。Ernst（2012）⑤后续提出，项目层面主要围绕项目管理过程中的知识决策问题，包括涉及从自主开发、外部采购、技术内部集成或外部知识关联、技术保留或外部转移等的决策。Ernst 和 Hocgl（2010）⑥ 认为，个体层面主要包括对领导行为和员工态度的研究。有学者依据不同层次间知识流动的方向来分析，将开放式创新模式分为内向型和外向型两种模式（Euchner，2011）。内向型创新（Inbound）是指，企业在监控外

---

① Chesbrough H，Bogers M. Explicating Open Innovation：Clarifying an EmergingParadigm for Understanding Innovation［J］. Social Science Electronic Publishing，2014（1）：3-28.

② 张永成，郝冬冬，王希. 国外开放式创新理论研究 11 年：回顾、评述与展望［J］. 科学学与科学技术管理，2015（3）：13-22.

③ 徐佳，魏玖长，王帅，赵定涛. 开放式创新视角下区域创新系统演化路径分析［J］. 科技进步与对策，2017，34（5）：25-34.

④ 谢明磊，刘德胜. 发展型绩效考核与科技型中小企业开放式创新———一个有调节的中介效应模型［J］. 管理评论，2021，33（2）：142-152.

⑤ Ulrich Lichtenthaler. Intellectual property and open innovation：an empirical analysis［J］. Int. J. of Technology Management，2010，52（3/4）.

⑥ Miriam Muethel，Martin Hoegl. Cultural and societal influences on shared leadership in globally dispersed teams［J］. Journal of International Management，2010，16（3）.

部环境的过程中，搜索和吸收创新资源，最终用于内部整合和研发，如购买技术及股权、联合开发等活动，但企业的创新行为往往受制于规模，一般拥有足够知识产权保护能力和内部合作创新网络的大型企业才能有效实施[①]。而外向型创新（Outbound）是指，企业对内部创新资源进行优化整理，通过外部市场的商业化输出，打破自身市场渠道，实现知识技术的有效利用与开发，包括有偿使用方式，如技术转让或租借、进行技术联盟等[②]。

企业跨越组织边界进行产学研合作是开放式创新的一种重要形式，在此过程中，企业既存在知识输出过程，又存在知识流入过程，同时还包含内向型开放式创新与外向型开放式创新两种创新行为。

五、自我决定理论

自我决定理论是由美国心理学家 Deci Edward L 和 Ryan Richard M 等在 20 世纪 80 年代提出的一种关于人类自我决定行为的动机过程理论。自我决定是一种关于经验选择的潜能，是在充分认识个体需要和环境信息的基础上，个体对自己的行为做出自由的选择。他们将人的行为分为自我决定行为和非自我决定行为。自我决定行为就是个体主动愿意去做的行为，此时，自我在动机过程中，发挥着能动的作用，这种能动性可以激励和维持个体的行为。非自我决定行为则是受外在刺激的控制，表现为不得不做。一旦刺激停止，个体动机也就相应地停止。自我决定理论认为自我决定不仅是人的一种能力，更是一种需要，因此该理论的研究重点是对人的内在成长趋势和内部心理需求的探究。然而，自我决定理论同样指出，人的这种内在成长趋势不会自动

① Henry Chesbrough，James Euchner. Open Services Innovation：An Interview with Henry Chesbrough［J］. Research-Technology Management，2011，54（2）.

② Chesbrough，Henry，Brunswicker，Sabine. A Fad or a Phenomenon？The Adoption of Open Innovation Practices in Large Firms［J］. Research Technology Management，2014，57（2）.

地起作用，它需要从社会环境中汲取营养与支持才能有效地发挥其功效①。

自我决定理论是基于引发行为的不同原因来对动机类型进行划分的，最基本的区分是内在动机与外在动机两种类型（Deci 和 Ryan，1985）。外在动机包括外部动机、接受动机、认同动机和整合动机。其中，外部动机表明该行为是出于获得奖励或者避免惩罚；接受动机是一种有些内部化的动机，例如自我提高或责任感；认同动机代表个体是发自内心的认同及接受外部规则；整合动机是一种更加内部化的动机，其代表个人已经整合了外部规则且处于自我感知中。内在动机是指个人完全因为自身的快乐和满足感去完成某项任务。不同于一些学者将外在动机看作完全非自主性动机形式的观点，自我决定理论涉及了外在动机向内在动机转化的过程，提出外在动机在相对自主性上是有所差异的。Ryan 和 Deci 提出人类天生具有一种积极的自我调节过程，会将社会规范转化为自身所认可的内容，将外在动机逐渐整合为内在动机。在这一过程中可以根据自我决定程度将动机从低到高进行划分，动机连续体的最左端是去动机，即当个体感觉某活动不能为自身带来一定结果时就不会产生行为意向，然后依次为外在调节、内摄调节、认同调节和整合调节（Ryan 和 Deci，2000）②。其中，外在调节是外在动机中最缺乏自主性的动机形式，基于外在调节所驱动的行为是为了满足外部需求如获得奖励或避免惩罚，这种形式的调节类同于斯金纳的操作性理论中的调节类型。内摄调节指个体为了获得自我肯定或为了避免愧疚、焦虑而从事某项活动，它是调节的相对控制的形式，这种调节过程往往与自尊相伴随。虽然有了一定的自主性并开始内化，但仍没有作为自我体验的部分，因此内摄调节尚不能算是自我决定的形式。认同调节阶段，个体是在对行为进行评价的基础上，基于活动

---

① 赵宏玉、王红霞．自我决定理论研究述评［J］．开封文化艺术职业学院学报，2021（1）：5-7.

② Deci E L & Ryan R M. Handbook of Self-Determination Research. Rochester，NY：University of Rochester Press，2002.

对自己具有一定价值而从事某项行为，而不是基于外部压力去行动。在此调节过程中，个体能够感觉到自己的选择，但这种行为依然是被规范的和工具性的，没有达到完全的内化，不能体验到活动本身的快乐和满足。整合调节是外在动机中自主性程度最高的形式，个体已将外部规范吸收成为自我的成分。整合调节已经与内在动机很相似，但整合的外在动机仍不是由活动本身的特征所激发的，故还不是内在动机。

Deci 和 Ryan 还指出，根据自我决定水平将外在动机划分成若干类型，并不意味着个体要逐一经历每一阶段的调节，可能只是在连续体上的某点发生调节。

六、自我调节理论

自我调节理论由班杜拉在 20 世纪七八十年代提出，是从社会认知理论中衍生出来的，是自我改变其行为的能力。它极大地提高了人类行为的灵活性和适应性，使人们能够根据非常广泛的社会和情境需求调整他们的行为。个体自我推测其是否具备胜任某行为的能力，推测的结果影响个体行为的选择，努力付出的程度以及时间坚持的长久。它是现在流行的自由意志概念和社会所需要行为的重要基础。它为个人和社会带来了好处，而良好的自控力似乎有助于许多理想结果的实现，包括任务表现、学业和工作成功、受欢迎程度、心理健康和适应能力以及良好的人际关系。班杜拉（1986）将自我调节划分为广义的自我调节和狭义的自我调节，前者泛指人们给自己制定行为标准，并用自我可控制的奖惩来强化、维持或改变自我行为的过程，后者则特指自我维持和强化，即当人们达到了自己制定的行为标准时，用自我可控的奖赏来强化并维持自我行为的过程。

社会认知理论认为自我调节由自我观察、自我判断和自我反应三个过程组成，此三个过程不断循环往复，在自我观察之后个体依标准做出自我判断，并依自我判断做出自我反应（消极的或积极的），自我反应又影响下一阶段的观察和判断。自我调节过程中个体依信念、动机和目标实施行为，以使行为结果与其保持一致[①]。自我观察是指人们对自身的行为表现依其社会活动中的不同标准，进行观察的过程；自我判断是指人们为自我的行为设立某个标准，并判断自己的行为与标准的差距，从而做出自我肯定或否定评价的过程；自我反应是指个体在自我行为评价基础上产生的各种内心体验，如自我满足、自豪、自怨和批评等，是自我调节的最终结果，也是个体兴趣满足和自尊发展的基础及其继续存在的唯一动力。自我反应包括评价性和物质性两种形式，前者是个体在取得进步时体验到成功的预期满足感，具有提高自我效能感和激发动机的作用；后者则指个体用物质奖赏自己的进步[②]。Frederick H Kanfer（1970）则提出自我调节包括自我监控、自我评估和自我强化三个步骤。在这些步骤中，个体关注自己的当前状态，并将之与理想状态作比较。之后，研究者将 Kanfer 的模型拓展成了更具解释力的有效自我调节的多元化过程，包括 7 个步骤：①获取相关信息；②评估信息并比较与理想状态的差异；③触发改变；④寻找需要改变的地方；⑤形成计划；⑥施行计划；⑦评估计划的有效性。虽然对于自我调节过程的阐述很多，但总结认为，自我调节是为了减少当前状态和理想状态的差异而采取行动的过程。它是思维和行动整合的过程：个体评估当前状态，将之与理想状态比较，采取行动减少两者之间的差异，再评估行动之后的结果与期望的结果，决定是继续还是放弃，如此构成一个有效的循环体系。

七、自我效能感

"自我效能"由 Bandura 在 20 世纪 70 年代首次提出，他通过总结前人的研究文献发现，由于过去的理论和研究主要是针对人们的知识获取及行为反

---

① Bandura A. Social foundations of thought and action［M］. Englewood：Prentice Hall，1986.

② 段锦云，梁凤华，曹莹. 自我调节理论的产生背景、理论内容及其应用［J］. 景德镇学院学报，2017（5）：67-75.

应能力，从而忽视了支配这些知识以及行为相互作用的最终结果。Bandura指出，个体对其能力的判断在自我调节系统当中发挥着重要的作用，从而提出了自我效能这一概念。

自我效能感是某人对自己是否能够完成某一任务而进行的一种推测，这一概念最早是由美国心理学家提出的，主要是指个人能否利用自身的某种技能或者某一行为获得自信，同时自我效能感也是属于个人的自我认知理论范围，指一个人在特定情景中从事某种行为并取得预期结果的能力，它在很大程度上指个体对自我有关能力的感觉。简单来说就是个体对自己能够取得成功的信念，即"我能行"。它包括两个部分，即结果预期和效能预期，其中结果预期是指个体对自己的某种行为可能导致什么样结果的推测；效能预期是指个体对自己实施某行为的能力的主观判断。当拥有较高的自我效能感时，负面情绪会被抑制，伴随无自我效能感而来的是高水平的主观痛苦感等消极情绪，也就是说，自我效能感影响冒险情境中的焦虑唤醒等情绪问题①。

班杜拉在1980年发表了《人类行为中的自我效能机制》的演说，进一步丰富了这一理论（Bandura，1982）②。班杜拉定义了三个自我效能感水平，级别一是指个人在活动前对自身是能否实现目标的预判，级别二是指个人在活动过程中对自我能力的评估，级别三是指个体对自身能达到目标的主观判断（赵博艺，2020）。田一笑（2020）通过对一般自我效能感相关文献的回顾，总结了如下三个方面：自我效能感是一种主观内在经验，对自身能力的感知状态；一般自我效能感没有特定的情境局限，而是指向更广泛的一般情境性，具有更普遍的意义；一般自我效能感不是对过去事情的追忆和反思，而是对未来的一种预测和预判③。

Cervone（1986）观察了消极、积极和平静三种情绪状态下的被试者，发

---

① 李田伟. 云南民族地区大学生自我效能感调查分析［J］. 教育观察，2021（42）：11-14.

② Bandura. Self-efficacy mechanism in human agency. American Psychologist，1982（37）：122-147.

③ 田一笑. 人格特质对基层警务人员工作绩效的影响［M］. 北京：中国人民公安大学出版社，2020.

现情绪状态因素并未对自我效能感造成显著影响，但处于消极心境下的被试者却提高了自己的目标设置水平，由此得出，情绪因素很可能是存在于自我效能感与目标设置之间的一个干预变量①；Elliot 等（1999）将成就目标分为掌握性目标、成就趋近目标与成就回避目标，结果发现，自我效能感与掌握性目标、成就趋近目标之间存在显著正相关，与成就回避目标之间存在显著负相关②；Rigotti 等（2008）在测试职业自我效能感量表的结构效度时，发现职业自我效能感和感知绩效之间存在相关关系③；江静等（2019）通过对207 位上下级配对数据和绩效数据的研究，发现具有高度自我效能感的员工，其工作绩效通常优秀④；Chae 等（2020）通过对韩国 15 个行业的 140 名重点员工及其同事的调研，发现一般自我效能这种个人特征对工作绩效具有明显的正向影响。⑤

八、社会网络理论

社会网络的定义，最早起源于英国 20 世纪 40 年代的著名人类学家 R Brown 的研究，关注点聚集在关注有界群体内部成员的行为上，是一个社会学结构概念。系统的社会网络理论的提出则要追溯到 1954 年的 Barnes。他最早正式提出了"社会网络"，其研究立足于挪威某渔村的社会关系。社会网络理论的研究对象是特定的社会行动者（包括社会中的个体、群体和组织）

---

① Cervone D , Peake P K. Anchoring, efficacy, and action: The influence of judgmental heuristics on self-efficacy judgments and behavior [J]. Journal of personality and social psychology, 1986 (3): 492-501.

② Elliot A J, Mcgregor H A, Gable S. A. Chievement goals, study strategies, and exam performance: A mediational analysis [J]. Journal of educational psychology, 1999 (3): 549-563.

③ Rigotti T, Schyns B, Mohr G. A short version of the occupational self-efficacy scale: structural and construct validity across five countries [J]. Journal of Career Assessment, 2008 (2): 238-255.

④ 江静，董雅楠，杨百寅. 工作绩效的提升需要批判性思维？——一个被调节的中介模型检验 [J]. 科学学与科学技术管理, 2019 (4): 137-149.

⑤ Chae H, Park J. Interactive effects of employee and coworker general self-efficacy on job performance and knowledge sharing [J]. Social Behavior and Personality: An International Journal, 2020 (7): 1-11.

所形成的一系列关系和纽带，将社会网络系统作为一个整体来解释社会行为。在经济全球化的背景下，企业逐渐置身于一个错综复杂的网络之中，企业间网络化已经成为不可避免的趋势，这一网络实质上是企业为了适应市场的快速变化、规避合作风险而建立的彼此之间相互联系的共同体，因此社会网络理论为分析和解释企业合作行为提供了一个新的视角。

目前，学界普遍接受的社会网络的定义为基于个体或组织之间的复杂联系和这些个体和组织的集合，同时其网络的结构、规模等都限制了资源的流动和分配。社会网络的概念从社会学和生态学领域兴起，但在数十年的发展中逐渐展现出了理论的普适性，被应用到越来越多的领域中，2002~2022年更是延伸到各个领域，并在企业创业活动中发挥出巨大的作用。

关于社会网络的理论，Granovetter 主要从社会关系强弱角度分析社会网络结构，并提出在社会网络中真正具有桥梁作用的是弱关系。Granovetter 以互动频率、感情力量、亲密程度和互惠交换四个维度为依据，提出了一个衡量社会网络的关键性质"异质性"。Granovetter 指出，影响社会网络作用大小的关键就是社会网络的同质性和异质性。网络中，同质性较高的个体之间的沟通往往是低效率的，信息沟通的真正有效桥梁是异质性，可以有效扩大信息视野。李梦楠和贾振全（2014）将关系划分为两类，分别是"强关系"和"弱关系"①。Granovetter 的理论建立在这样一种假设上：社交网络中，弱关系的分布范围要远远大于强关系，因此它充当跨越社会界限的桥梁的可能性比强关系更大。这并不意味着所有的弱关系都能充当桥梁，但弱关系桥梁为人们提供了接触其所属社会阶层之上的信息和资源的可能（Granovetter，1973）。可以说，弱关系并不都是社会桥梁，但社会桥梁往往是弱关系。

1992年，美国社会学家 Burt 从竞争视角出发，将社会网络理论放在经济学框架下进一步分析和发展，提出了结构洞理论。他指出，在社会网络中，

---

① 李梦楠，贾振全. 社会网络理论的发展及研究进展综述 [J]. 中国管理信息化，2014，17（3）.

不是所有的行为者都有直接的联系，即便联系在一起也是松散而低效的。这时社会网络结构中就会出现空洞，即都与 A 有直接联系的两人，B 和 C 之间并没有直接联系，那么 B、C 之间就形成了一个关系结构上的空洞，A 就处在这个空洞上。社会网络中某些个体之间发生直接联系，但与另外一些个体不发生直接联系甚至无联系的现象，从网络整体看好像是网络结构中出现了洞穴（Burt，1992）。Burt 认为，在一个关系复杂的网络中，相联系的个体之间的信息和资源的交流与传递具有很大的重复性，其作用性往往很低。而处在结构洞之上的社会成员，因为拥有不同的联系渠道，能获得网络中不同成员的信息，使自己拥有更多的信息和资源从而在网络中占据"集散中心"的地位，继而获得竞争中的优势。另外，由于"结构洞"是相对拥有者而言的，因此结构洞拥有者具有"主控优势"。相比网络中其他成员可以更容易地建立沟通和联系，提高自己在网络中的地位，对关键性的信息和资源占有控制权，也有利于获得竞争中的优势。

第二节　相关概念界定

一、组织边界跨越能力

（一）网络能力

企业生存环境的日益网络化，使得网络能力的概念被提出。早期有关网络能力的研究认为，网络能力是指能够提升企业在网络中的地位以及管理网络资料、处理网络关系的能力。关于网络能力，管理学派主张从以下三个方面进行定义：识别自身在网络中的地位和价值、改善自身在网络中的地位、协调自身同网络中其他成员的关系以获取有用的资源。关于网络能力的定义，不同学者给出了不同的界定。Ritter 等（2002）[1] 认为，网络能力是企业用来提升网络地位、处理对外关系，进而提升企业竞争优势的一种动态能力。李纲等（2017）[2] 则认为，网络能力是企业对关系网进行管理，以识别和获取异质性资源的能力。

综合上述研究，本书在前人研究的基础上，将网络能力定义为：企业发展和运用网络，改善自身的网络地位，并构建属于自己的网络关系，以此来获得异质性资源，提升自身竞争优势的能力。

（二）IT 能力

IT（Information Technology）能力最早是由 Ross 等（1996）提出的，他们认为，所谓 IT 能力，是指有利于帮助组织控制相关成本、管理相关活动，并完成组织目标的一种能力。Bharadwaj（2000）认为，组织对 IT 资源进行协调管理的能力即为组织的 IT 能力。组织具备较好的 IT 能力能够促使 IT 资源与其他资源相结合，为组织带来效益。同时，他认为 IT 能力是一个多维的构念，以 IT 技术资源为基础，包括 IT 基础设施、IT 人力资源和 IT 无形资产。持相同观点的还有张嵩和黄立平（2003）[3]，他们认为 IT 能力是一种动用组织 IT 资源，从而给组织带来持续竞争优势的能力。Tippins 和 Sohi（2003）则认为，企业 IT 系统由 IT 知识、IT 运作、IT 实物构成，IT 能力指企业运用 IT 系统资源对组织进行管控的能力。

---

[1] Ritter T，Wilkinson I F，Johnston W J. Measuring network competence：Some international evidence [J]. Journal of Business & Industrial Marketing，2002，17（3）：119-138.

[2] 李纲，陈静静，杨雪. 网络能力、知识获取与企业服务创新绩效的关系研究——网络规模的调节作用 [J]. 管理评论，2017，29（2）：59-68.

[3] 张嵩，黄立平. 基于资源观的企业信息技术能力分析 [J]. 同济大学学报（社会科学版），2003，14（4）：52-56.

综合上述研究，本书借鉴国内外认同度较高的 Ross（1996）[①] 和 Bharadwaj（2000）[②] 的观点，将 IT 能力定义为：通过对 IT 资源的配置，调动 IT 资源与其他资源相结合，获得竞争优势的能力。

（三）吸收能力

吸收能力最早是由 Kedia 和 Bhagat（1988）在有关国际技术转移研究中提出来的，但 Cohen 和 Levinthal（1989）让其广泛流行。Cohen 和 Levinthal（1989）[③] 指出，企业研发不仅能够为企业带来技术创新，还能够促进企业吸收外部知识。在此基础上，他将吸收能力定义为：企业对外部所获知识进行识别、吸收及应用的能力；Cohen 和 Levinthal（1990）[④] 又将其重新定义为"企业识别外部具有价值的信息，并对其加以消化吸收，将其运用到商业活动中，以实现商业化、获取利润的能力"。这一定义对吸收能力的内涵进行了拓展，认为吸收能力不仅是一种能力，也是一种过程，即企业如何从外部获取异质性资源，并对其加以吸收、学习和利用。Zahra 和 George（2002）[⑤] 则从过程视角对吸收能力进行了定义，认为吸收能力是企业对外部知识进行获取、消化、转化、应用的能力，从某种程度来说，吸收能力是一种动态组织能力。

本书参考 Cohen 和 Levinthal（1990）的观点，将吸收能力定义为：企业识别外部信息对自身产生的价值，并对其加以学习、消化和利用的能力。

---

① Ross J W，Beath C M，Goodhue D L. Develop long-term competitiveness through IT assets［J］. Sloan Management Revie，1996，38（1）：31-42.

② Bharadw A S. A resource based perspective on information technology capabiity and firm performance：An empirical investigation［J］. MIS Quarterly，2000，24（1）：169-196.

③ Cohen W M，Levinthal D A. Innovation and learning：The two faces of R & D［J］. Economic Journal，1989，99（3）：569-596.

④ Cohen W M，Levinthal D A. Absorptive capacity：A new perspective on learning and innovation［J］. Administrative Science Quarterly，1990，35（1）：128-152.

⑤ Zahra S A，George G. Absorptive capacity：a review，reconceptualization，and extension［J］. Academy of Management Review，2002，27（2）：185-203.

二、创新激情

激情是指个体对所喜爱的，且认为重要的活动所表现出来的一种强烈倾向，愿意为此投入时间与精力，是一种情感性的动机（Vallerand et al.，2003）。和工作满意度相比，工作激情不容易受薪资水平、工作氛围、人际关系等因素干扰，属于个体对工作本身表现出的强烈喜欢的情感。Vallerand等（2003）认为激情包括和谐型激情与强迫型激情两种类型，区分两种激情的依据为个体对工作认同内化方式的不同。具体来说，在组织工作情境下，和谐型激情受个体内在动机影响，对工作表现出的是一种积极内化，意味着他们是由于工作本身所具有的性质而对工作表现出强烈喜欢的情感；相比之下，强迫型激情则受外部影响，是一种控制性的内化，个体迫于某种外部压力而内心被动认为工作对自身来说是重要的。关于创新激情的概念，商燕劼（2019）指出，创新激情是指创新个体对于开展的创新活动，表现出一种强烈的意愿，以及对这项创新活动的喜爱程度，由此而产生的工作状态往往会主动或被动内化为自身的心理特征。

鉴于学界对和谐型创新激情与强迫型创新激情的研究并不多见，故本书结合创新激情以及和谐型激情与强迫型激情的内涵，分别对和谐型创新激情与强迫型创新激情做出如下界定：和谐型创新激情指的是创新个体对创新活动表现出强烈的意愿、喜爱以及认同的工作状态，且这种工作状态往往会通过主动形式内化为个体的心理特征；强迫型创新激情指的是在参与创新活动的过程中，创新个体被动内化，由此产生某种压力，在这种压力影响下往往表现出消极情感，甚至影响创新活动。

三、产学研合作创新绩效

产学研合作是指企业、高等院校及科研院所为了各自的目标及意图，协同各自拥有的资源，开展的一种优势互补、风险共担的合作项目（孙工等，2012）[①]。王浩和梁耀明（2011）[②] 指出，由于各主体有不同的合作目的，对于产学研合作带来的绩效往往有不同的评价标准；李成龙等（2013）[③] 认为，产学研合作创新绩效不仅可以用成果性绩效来衡量，也可以用成长性绩效来衡量。成果性绩效是指企业对于通过产学研合作，产生的成果可以物化；而成长性绩效则是指企业通过产学研合作，产生的不能够直接物化的成果，但又真真切切存在，且对企业产生影响，如企业生产能力的提升、技术能力的提升、合作满意度等。

本书借鉴孙卫等（2012）和李成龙等（2013）的观点，同时基于本书的研究视角，将产学研合作创新绩效定义为：企业通过与学研机构开展产学研合作和所创造的成果以及价值的增加。

第三节　组织边界跨越能力与产学研合作创新绩效的关系假设

一、网络能力与产学研合作创新绩效的关系假设

随着知识经济时代的到来，企业建立和保持竞争优势不再单纯依靠自身物质资源，更重要的是拥有其他企业难以模仿的知识及其他资源。企业创新

① 孙卫，王彩华，刘民婷. 产学研联盟中知识转移绩效的影响因素研究 [J]. 科学学与科学技术管理，2012，33（8）：58-65.
② 王浩，梁耀明. 产学研合作绩效评价研究综述 [J]. 科技管理研究，2011，31（11）：56-61.
③ 李成龙，刘智跃. 产学研耦合互动对创新绩效影响的实证研究 [J]. 科研管理，2013，34（3）：23-30.

活动中，外部网络是获取稀缺知识资源及能力的重要途径。知识流动是网络中的企业获取外部异质性知识构建竞争优势的前提，故而对企业来说，可以跨越边界构建属于自己的关系网络，整合网络中对自身有用的知识及能力等资源，提升自身的创新能力。因此企业必须拥有管理外部关系网络的能力，才能对网络中不同的资源进行整合并加以利用，发挥这些资源的最大效能，提高创新成功的可能性。

社会网络理论认为，网络关系是网络成员获取外部资源的重要途径，企业创新网络的本质是关系总和①。基于社会网络理论，Granovetter（1985）认为，企业所有的经济活动均嵌入在社会关系网络中②。研究指出，外部社会关系网络是企业获取知识等稀缺资源和开展创新活动的重要载体（Adler 和 Kwon，2002）③。研究发现，通过联盟组合网络，焦点企业不仅获得了更多的商业合作机会，而且获得了更多的稀缺资源，进而提高了创新绩效（庞博 et al.，2018）④。企业构建网络是为了从网络中获取更多知识、信息等资源，提升自身竞争实力。要想促使以上战略目标的实现，必须对网络加以管理，在网络中占据有利位置，获取更多有用的资源，使这些资源发挥最大效能，提升自身的创新能力。在产学研合作中，企业必须嵌入产学研合作网络，良好的网络能力能够促使企业维持并积极发展自身与网络中其他成员间的良好关系，使自身处于相对优势的网络位置，通过获取异质资源来增强自身实力，使产学研合作创新绩效得到有效提升。关于网络能力与合作创新绩效的实证研究，Ritter 等（2004）通过实证验证了网络能力对合作创新绩效的正向影

---

① 党兴华，查博. 知识权力对技术创新网络治理绩效的影响研究 [J]. 管理学报，2011，8（8）：1183-1189.

② Granovetter M. Economic action and social structure：The problem of embeddedness [J]. American Journal of Sociology，1985，91（3）：481-510.

③ Adler P S，Kwon S W. Social capital：Prospects for a new concept [J]. The Academy of Management Review，2002，27（1）：17-40.

④ 庞博，邵云飞，王思梦. 联盟组合管理能力与企业创新绩效：结构洞与关系质量的影响效应 [J]. 技术经济，2018，37（6）：48-56.

响作用；陈学光（2006）[①] 以浙江 100 多家制造类企业数据为样本进行研究，结果发现，网络能力对企业合作创新绩效产生显著正向影响作用；简兆权等（2014）基于网络能力理论和关系学习理论，以华南地区 243 家企业样本为实证研究对象，结果发现，网络能力对创新绩效具有正向影响作用。王涛（2022）[②] 等通过构建"非正式治理—网络能力—知识流动"研究框架，实证证明了网络能力在非正式治理与知识流动当中发挥了重要的中介作用。

依据资源互补理论可知，企业自身创新资源难以满足独立研发创新活动的资源需求，从产学研合作网络中其他主体处获取的异质性、互补性创新资源使企业获得持续性竞争优势，进而提升自身产学研合作创新绩效。然而，获取网络资源不一定意味着企业创新能力得到提升。企业只有通过对网络进行有效管理和维护，激活网络中的资源，才能发挥这些资源的最大效能，使自身创新能力及绩效得到有效提升。而这就需要企业具备发展和管理外部网络关系的能力，即网络能力。

基于以上论述，本书提出如下假设：

H1：网络能力对产学研合作创新绩效具有正向影响作用。即网络能力越强，越有利于提升产学研合作创新绩效。

二、IT 能力与产学研合作创新绩效的关系假设

信息技术的飞速发展，使得信息技术对于企业的作用变得日益重要。20 世纪 90 年代，标准化、同质化的信息技术系统和网络技术迅速普及，信息技术能力与企业创新绩效之间存在积极关系得到普遍认可，信息技术已经成为创新的重要组成部分或工具，各企业在信息技术上的投资越来越大。然而，这种投资给企业带来的成效并不明显，人们开始质疑对信息技术进行大量投

---

① 陈学光，徐金发. 网络组织及其惯例的形成 [J]. 中国工业经济，2006，29（4）：52-58.
② 王涛. 组织跨界融合：结构、关系与治理 [J]. 经济管理，2022（4）：193-208.

资能否给企业带来优势。资源基础观认为，企业经营成功的关键在于拥有稀缺的、难以被其他企业模仿和替代的资源，以及利用、配置这种资源的能力。IT（信息技术）能力是一个公司凭借可用的信息技术资源和将信息技术资产与服务转化为战略应用程序的能力。在企业创新过程中，IT 能力的提升可以提高产品开发中的沟通效率，降低开发成本，缩短开发周期，从而有助于新产品的开发[①]。此外，如企业资源计划系统（ERP）、客户关系管理系统（CMR）等 IT 系统能为管理创新带来强大的技术支持，从而有助于企业的管理创新。在制造业中，如精益生产管理系统、敏捷制造管理系统等信息系统能优化企业的生产流程，促进流程创新[②]。

越来越多的研究认为在利用 IT 获取竞争优势时，应该重点关注企业结构性的能力，IT 能力的概念由此被提出。从 IT 能力视角出发，研究其对企业绩效的影响，可以更好地解释 IT 在企业中的价值。

IT 能力不仅包括 IT 基础设施能力，还包括 IT 人力资源能力以及 IT 无形资源能力。首先，具备较强 IT 能力的企业，能够在合适的时间推行正确的应用，大大提高办公效率，还能在一定程度上促进产品创新和持续改进。其次，在多变的市场环境中，较强的 IT 能力能使企业快速获得有关顾客和竞争对手的市场信息，并做出迅速反应，如制定出有利于打败竞争对手的价格（崔瑜等，2013）[③]。最后，从动态能力角度来看，企业在动态环境中具备较强的 IT 能力，能及时对外部环境作出反应，还能准确把握市场机会，获取市场竞争优势。

IT 能力被提出后，其与企业绩效的积极关系得到学界的认可和验证。焦

---

① 赵付春，周佳雯. 互联网环境下 IT 资源和能力的绩效影响研究 [J]. 科技管理研究，2016，36（5）：161-165.

② 李婉红，毕克新，艾明晔. 制造企业 IT 资源—IT 能力对工艺创新的驱动研究 [J]. 中国科技论坛，2011（9）：37-42.

③ 崔瑜，焦豪，张样. 基于 IT 能力的学习导向战略对绩效的作用机理研究 [J]. 科研管理，2013，34（7）：93-100.

豪等（2008）① 实证检验了 IT 能力对创新绩效的影响，结果显示，IT 能力对创新绩效能够产生正向影响；李随成和杨功庆（2008）② 用实证研究验证了 IT 能力对研发合作产出和绩效的正向影响作用；迟嘉昱等（2012）基于企业能力理论，提出并验证了企业 IT 能力对绩效的正向影响作用。上述研究均肯定了 IT 能力对企业绩效的积极影响。产学研合作中，拥有较高 IT 能力的企业，更擅于分析学研方的潜在资源与能力，实现对异质性资源的获取、整合，增强竞争优势，创造更高的利润。

基于以上论述，本书提出如下假设：

H2：IT 能力对产学研合作创新绩效具有正向影响作用。即 IT 能力越强，越有利于提升产学研合作创新绩效。

三、吸收能力与产学研合作创新绩效的关系假设

当今企业面临日益多变的外部环境，不断创新成为企业维持竞争优势的关键所在。而外部知识源在企业创新过程中发挥着重要作用，企业创新越来越依赖从大学、科研院所等外部机构获取知识源。获取的知识能否为企业所用，则取决于企业的吸收能力（谢卫红等，2015）。知识吸收能力对创新的作用体现在企业向外部获取知识及吸收利用知识的整个内外过程中。

知识经济时代，企业要识别并获取外部信息和知识，就需要对获取的知识进行甄别和筛选，并运用自身的吸收能力对其进行消化、转化与应用，进而促使企业创新成果的产生。关于吸收能力与创新绩效的关系，学界大量研究证实了吸收能力对创新绩效的正向影响作用，国内外学者们通过理论分析和实证研究，普遍认为知识吸收能力对企业创新绩效有重要的作用，而且两

---

① 焦豪，邬爱其，张样. 企业 IT 能力度量与功效——本土模型的构建和实证研究 [J]. 科学学研究，2008，26（3）：596-603.

② 李随成，杨功庆. IT 能力及信息共享对企业间研发合作的影响研究 [J]. 科研管理，2008，29（4）：55-63.

者呈正相关关系。Cohen（1994）指出，吸收能力能够促使企业更好地吸收和利用外部知识，并将这些外部知识引用到企业新产品的开发中，从而为企业带来创新绩效。Szulanski 认为企业及各个职能部门的知识吸收能力越强，越有利于企业把控环境和掌握信息，也越有利于对知识的获取和创新的应用，因此企业创新绩效就越好①。钱锡红等（2010）实证检验了企业吸收能力与创新绩效的关系，结果表明，二者之间呈正相关关系；刘学元等（2016）通过对上百家制造业企业进行研究，最终得出，企业吸收能力对创新绩效存在显著正向影响；陈光华等（2014）利用广东省部产学研合作数据证明了企业吸收能力正向促进产学研合作创新绩效。

同时，也有很多学者基于潜在吸收能力与实际吸收能力两个视角对吸收能力进行了研究。

潜在吸收能力包含知识获取能力与知识消化能力两部分（Zahra 和 George，2002）②。Stock et al.（2001）提出，知识获取能力能够使企业对客户的需求有更深入的了解，进而促进企业更加有针对性地开发新产品③。Atuahene Gima（2003）认为，知识消化能力能够在如下两方面帮助企业：一是帮助企业在新产品开发中加快解决问题的速率；二是帮助企业及时更新知识库，使重复的工作得到有效规避④。

实际吸收能力包含知识转换能力与知识应用能力两部分（Zahra 和 George，2002）。Todorova 和 Durisin（2007）认为，知识转换能力不仅可以帮助企业重构认知结构，而且可以帮助企业摆脱对知识路径的依赖，使企业进

① Szulanski G. Exploring internal stickiness：impediments to the transfer of best practice within the firm [J]. Strategic Management Journal，1996，17（Special Issue）：27-43.

② Zahra S A，George G. Absorptive capacity：A review，reconceptualization，and extension [J]. The Academy of Management Review，2002，27（2）：185-203.

③ Stock G N，Greis N P，Fischer W A. Absorptive capacity and new product development [J]. The Journal of High Technology Management Research，2001，12（1）：77-91.

④ Atuahene Gima K. The effects of centrifugal and centripetal forces on product development speed and quality：How does problem solving matter？ [J]. Academy of Management Journal，2003，46（3）：359-373.

一步增强竞争优势[①]。Lichtenthaler（2009）研究发现，为了应对外部环境的变化，企业只有持续增强知识转换能力和知识应用能力，才能不断开发出新产品[②]。

基于以上论述，本书提出如下假设：

H3：吸收能力对产学研合作创新绩效具有正向影响作用。即吸收能力越强，越有利于提升产学研合作创新绩效。

第四节　创新激情的调节作用假设

依据自我决定理论（Self-determination theory）可知，人们天生具有自我决定和自我掌控的心理需求，倾向于内化最初由外部因素促成或调节的活动，外界条件会对自身行为造成影响（张剑等，2013）。依据外部动机内化的思想，Vallerand 等（2003）创建了激情二元模型，将激情分为和谐型创新激情与强迫型创新激情。和谐型创新激情体现激情的积极面，可能伴随积极结果；强迫型激情体现激情的消极面，可能带来消极结果。

一、和谐型创新激情的调节作用假设

具有高和谐型激情的员工更容易对外界支持作出正面解释，塑造积极的创新角色认同和组织认同，从而产生持续的创新力量，进而提高创新绩效。相反，当和谐型激情较低时，外部动机无法自主内化，员工会因此缺乏持续

①　Todorova G, Durisin B. Absorptive capacity: Valuing a reconceptualizaton [J]. Academy of Management Review, 2007, 32 (3): 774-786.

②　Lichtenthaler U. Absorptive capacity, environmental turbulence, and the complementarity of organizational learning processes [J]. Academy of Management Journal, 2009, 52 (4): 822-846.

创新的内驱力。在产学研合作中，和谐型创新激情能促进适应性的认知过程，进而促进适应性创新行为或创新绩效（张剑 et al.，2014）[①]。在和谐型创新激情的影响下，企业会克服当前困境，投入大量时间和精力到创新活动中，对企业愿景达成长期承诺（Cardon et al.，2005）。受和谐型创新激情的驱使，其一，企业更易拥有开放性的合作态度，产学研合作过程中专注程度更高，表现更好，更利于合作项目的顺利进行；其二，企业往往能够积极与学研方进行信息交换与共享，提升运用和配置 IT 资源的能力，快速、高效地将市场变化、顾客变化反映到业务流程中，及时对其进行更新与优化；其三，受和谐型创新激情的影响，企业能够增加对创新机会识别的精力投入，促进新的商业机会转化成企业绩效（黎常和朱玥，2018）[②]。具体而言，企业能够较好地识别外部机会，主动拓展产学研合作关系网络，从合作网络中获取更多异质性资源（Cardon et al.，2009）。对于从产学研网络中获取到的资源，企业也能够及时对其进行消化、转化与应用，进而促使企业创新成果的产生，提升对外竞争实力。

基于以上论述，本书提出如下假设：

H4：和谐型创新激情正向调节网络能力与产学研合作创新绩效间关系。

H5：和谐型创新激情正向调节 IT 能力与产学研合作创新绩效间的关系。

H6：和谐型创新激情正向调节吸收能力与产学研合作创新绩效间关系。

二、强迫型创新激情的调节作用假设

研究结果表明，强迫型创新激情往往不会促进适应性认知过程，而是直

[①] 张剑，宋亚辉，叶岚，等．工作激情研究：理论及实证 [J]．心理科学进展，2014，22（8）：1269-1281.

[②] 黎常，朱玥．创业激情对创业坚持行为的影响机制研究 [J]．科研管理，2018，39（9）：137-145.

接带来非适应性的创新行为和非适应性结果（张剑等，2014；Bonneville，2011）[①]。在产学研合作中，受强迫型激情影响，其一，企业管理和发展外部网络的能力降低，这不利于企业从外部获取实现战略目标所需资源，更不利于企业利用外部网络关系促进自身创新能力提升（周江华等，2013）[②]；其二，强迫型创新激情可能会降低企业的信息感知范围，不利于企业搜寻潜在的商业机会（Laaksonen et al.，2011）；其三，强迫型创新激情易导致企业迫于压力而片面追求产学研合作创新成果数量，而忽视对成果的有效吸收和利用，导致技术成果转化机制不健全，难以为企业带来竞争优势（朱俊杰和徐承红，2017）[③]；其四，在强迫型创新激情的影响下，企业往往承担着较大压力，被迫参与产学研合作，易引发消极情感。合作过程中专注度降低，较难与学研方配合，也不利于自身从学研方处主动获取对自己有价值的信息，合作绩效因此受到影响。

基于以上论述，本书提出如下假设：

H7：强迫型创新激情负向调节网络能力与产学研合作创新绩效间关系。

H8：强迫型创新激情负向调节 IT 能力与产学研合作创新绩效间的关系。

H9：强迫型创新激情负向调节吸收能力与产学研合作创新绩效间关系。

由上述分析，可将解释变量、被解释变量、调节变量间的关系绘制成如图 3.1 所示的实证模型。

① Bonneville A L. When passion leads to excellence：The case of musicians ［J］. Psychology of Music，2011，39（4）：123-138.

② 周江华，刘宏程，全允桓. 企业网络能力影响创新绩效的路径分析 ［J］. 科研管理，2013，34（6）：58-67.

③ 朱俊杰，徐承红. 区域创新绩效提升的门槛效应——基于吸收能力视角 ［J］. 财经科学，2017，39（7）：116-128.

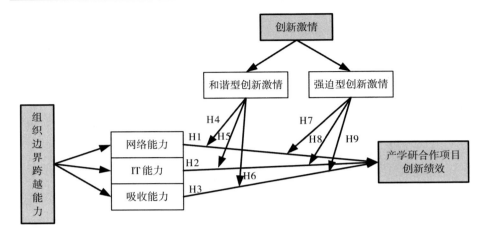

图 3.1　实证模型

第四章　研究设计

第一节　问卷设计

　　基于前文对各变量相关文献的整理和论述，本书提出了研究假设。为检验各假设的科学性及合理性，采取实证分析对上述研究假设进行科学化测度。数据质量的优劣决定了实证研究结论的真实性与适用性，为确保样本数据足以支撑前述理论研究模型，同时考虑到本书所涉及变量的特性及问卷调研在实证研究领域的权威性，故采用问卷调查对数据进行收集和整理。

　　问卷调查法是基于研究目的，以理论模型为核心，为向目标被试群体获取难以用客观数字表征的样本信息而设计出一系列题项、备选答案及补充说明等的资料收集工具（郭强，2004）[1]。作为一种相对直接的调查方式，研究人员在进行实证分析时普遍使用问卷调查法（李怀祖，2000）[2]。首先，该方法具备良好的信效度，在一定程度上能确保数据的可靠性和有效性，利于对本书所研究问题进行科学深入的分析；其次，问卷调查法能够保证结果的及时性，且便于结果的统计与量化。因此，本书的调查问卷以问卷设计基本原

---

①　郭强．调查实战指南——问卷设计手册［M］．北京：中国现代经济出版社，2004.
②　李怀祖．管理研究方法论［M］．西安：西安交通大学出版社，2000.

则为基础，通过阅读相关文献，并就有疑惑的问题请教专业人士，最终通过调研对象选择、问卷结构及测量题项确定、问卷开发与修正等环节，构造李克特（Likert）七级量表来设计问卷。目的在于通过调查问卷所获数据，进一步定量分析组织边界跨越能力、产学研合作创新绩效、创新激情间的具体关系。

一、调研对象的选择

本书聚焦于"组织边界跨越能力对产学研合作创新绩效的作用关系机理"开展研究，从企业这一研究视角出发，选择参与产学研合作创新的企业为调研对象。要求被试企业满足从属于一定规模的产学研创新联盟组合，拥有一定程度的产学研合作创新成果等条件，因此将问卷发放范围界定为云南省具有代表性的产学研合作企业，且尽可能全面地调研不同背景和行业的企业相关情况。具体而言，首先，通过云南省科技厅综合业务系统检索2011~2020年已验收的省部级产学研合作项目，筛选出各项目所涉企业的具体信息，并据此初步编制云南省产学研合作企业花名册；其次，为确保实证结果的普适性，将样本企业分别按照企业成立年限、企业性质、企业所属行业、企业规模进行分组。具体分组情况如下：①企业成立年限方面，被调查对象者涵盖成立3年以下、成立3~10年、成立10年以上；②企业性质方面，被调查对象涵盖国有企业、私人企业、其他企业；③企业所属行业方面，被调查对象涵盖电子/通信设备行业、生物医药/化工行业、新能源行业、软件/IT服务业、电气/机械制造行业以及其他行业；④企业规模方面，被调查对象涵盖小型企业、中型企业、大型企业。

二、问卷设计过程

为使调查问卷更具合理性和有效性，本书问卷设计重点关注问卷结构设计与问卷内容设计两部分。

　　问卷的结构通常包括题目、前言、问题及答案三大主要板块，且设计时遵循一定的原则（张钦等，2019）[①]。具体而言，其一，题目确保简洁、清晰。问卷标题置于卷首，依照阅读习惯，题目是被试者识别问卷信息的首要步骤。因此，题目不仅需要涵盖研究主题及调查对象，还需要尽可能地使用与被试群体认知水平匹配的措辞，以免发生歧义。其二，前言需阐述调查问卷的研究目的、意义及相关说明。问卷前言以封面信为主，是向被试者阐明调查研究的信息、目的、内涵、问卷结果用途等内容的必要途径。需要特别向被试群体声明的是，问卷调查仅用以学术研究，而非作为任何商业活动谋取效益，从而获取被试群体对问卷调研的接受和配合，以确保调研顺利进行。在向被试者表达感谢的同时，前言还需包括调查者的个人信息、对被试群体的保密承诺等，以争取被试群体对填写问卷的重视，确保尽可能规避其受主观情绪影响的无效问卷和调查偏差等。其三，问题及答案符合客观规律。题项的设计需要遵循客观性、逻辑性与时效性等原则，即题项内容应聚焦于企业近期的运营情况（3 年内或 5 年内），且以客观问题为主，措辞与逻辑需简明、清晰，避免问题出现多重含义和潜在指向性。答案的设计以李克特（Likert）七级量表设计方式为基础，从 1 到 7 分别代表完全不同意、比较不同意、基本不同意、一般、基本同意、比较同意、完全同意。此外，为确保被试者进行规范化作答，在各项一级标题处对作答的方法、要求等进行指导和说明。例如，题项均不存在绝对正确或绝对错误的标准答案，被试者在符合题项的选项处打"√"，等等（李灿，2007）[②]。

　　问卷内容包括理论研究模型所涉及的各项主要变量，且各变量均设计不少于 4 个题项，以保证量表的信效度良好。问卷题项设计时应遵循一定的原

　　① 张钦，薛海丽，唐海萍. 问卷调查法在可持续生计框架中的应用 [J]. 统计与决策，2019，35（16）：78-83.

　　② 李灿. 市场调查问卷的设计艺术 [J]. 统计与决策，2007，23（7）：76-77.

则，即清晰性、单一性、中立性、简单性、可靠性、间接性、排他性、敏感性、完整性和规范性（钟柏昌和黄峰，2012）。题项设计按照以下步骤严格进行：首先，有效翻译国内外较成熟量表。本书借鉴国内外权威文献中关于组织边界跨越能力、产学研合作创新绩效、创新激情等变量较为成熟的量表，并进行甄选和整理。将其中的英文量表翻译为中文，并逐一回译，以此验证各题项在中文语境下与原文实际内容的一致性。在此基础上得到粗略的量表雏形。其次，学术性修订初量表。向领域专家学者请教与研讨问卷整体架构、测量题项表述等方面，是否符合严谨性、准确性要求，针对不合理之处进行修改及优化处理。同时，与三所云南省产学研合作企业的 5 位中高层管理人员及管理人员指定者进行不低于半个小时的电话访谈，旨在从题项表述方式与企业员工认知性的匹配度、量表内涵与企业实际情况的契合度等方面，进一步修订问卷。以此形成初步完整问卷。最后，问卷预测试。预测试是初步检验问卷设计合理性的重要途径。①将整理好的初步问卷发放给课题组成员，进行初步问卷的预测试，针对初步问卷需要改正的地方进行适当修改，并设置部分反向题项，形成预测试量表；②随机抽取云南省具有产学研合作项目的 20 家企业，以现场发放的形式进行预调研，根据其信度检验与因子分析结果对存在问题的题项进行删改和调整，并收集与整理被试群体的反馈意见，以此进一步优化问卷细节。

三、问卷结构

经过上述步骤，形成最终问卷，主要包括以下内容：①卷首语。就调研内容、调研目的等向被试者进行说明。同时，向被试者说明问卷的保密性问题与答案不分对错问题，确保被试者收到问卷后能够翔实填写。②本书所涉及变量（组织边界跨越能力、产学研合作创新绩效、创新激情）的相关测量题项。③基本信息。包括被试者所在企业成立年限、企业性质、所属行业、企业规模、开展产学研合作的持续时间等内容。④结语。再次对被试者表达感谢。

在正式进行问卷调研前，对问卷的页面布局、排版模式及装订进行最终修正。规避因排版凌乱、印刷模糊、字体不规范等因素导致被试者填写时出现抵触情绪或不重视等情况，以确保样本数据的质量。具体而言：①调整版面，使其清晰易懂。设置不同字体、字号、行间距等组合的问卷，分别印刷并发放给课题组各成员进行评分，采用加权平均制算法选择权重最高的版面组合。②突出重点，主次分明。对需要强调突出的文字内容进行加大字号与加粗字体处理，校对各章节及其下属模块的格式，区分章节标题与具体题项，使被试者能迅速梳理出问卷的主要逻辑架构。③排版合理，方便被试者阅读和填选。通过调整内容顺序，以确保各章节内容连续，并尽量避免问题及其选项出现分页的情况。以此规避被试者因需要翻页对照而弃答、漏答的情况。④把控纸张及印刷的质量。印刷的清晰程度在一定程度上会影响被试群体的情绪，选择纸质精良、纸面光滑的纸张，有助于提升问卷的正式性和专业性。同时，也能够确保调查问卷在传递、携带和保存等环节不易受损。

第二节　变量测量

本书所涉及的变量包括组织边界跨越能力、创新激情、产学研合作创新绩效以及企业成立年限、性质、所属行业、规模等相关控制变量。为保证所设计量表具有良好的信效度，本书借鉴了国内外较为成熟的量表对题项进行设计。先将其中的问题项翻译为中文，反复分析对照，并对不合理题项进行改进。除控制变量外，问卷量表的设计均采用李克特（Likert）七级量表法，数字"1~7"分别表示"完全不同意至完全同意"。

一、解释变量测量

本书的解释变量为组织边界跨越能力，通过前文介绍可知其主要包括网络能力、IT 能力、吸收能力三个维度。

关于网络能力（用 Net 表示）的测量，主要借鉴 Ritter 和 Gemunden（2003）[①]、Ritter 和 Gemunden（2004）[②]、任胜钢（2010）、朱秀梅等（2010）的量表，从"贵公司有预测网络发展和演化方向的能力""贵公司能够判断不同网络成员关系的发展潜力与价值""贵公司较清楚以何种策略与潜在合作伙伴建立关系""贵公司具有发现、评估和选择合作伙伴的能力"4 个题项进行测量。

关于 IT 能力（用 IT 表示）的测量，主要参考 Ray 等（2005）[③]、Kostopoulos 等（2011）[④]、Kim 等（2012）的量表，从"贵公司在建立 IT 硬件上投入了一定预算""贵公司在采购和开发 IT 软件方面投入了一定预算""贵公司在管理中能够使用 IT 应用程序""贵公司在新旧 IT 系统之间建立起了桥梁""当新的技术可以使用时，贵公司能够意识到应用它的机会"5 个题项进行测量。

关于吸收能力（用 Abs 表示）的测量，主要参考 Cohen（1990）、Zahra（2002）、Rothaermel 和 Alexandre（2009）、Kostopoulos 等（2013）的量表，从"贵公司经常和其他企业或机构交流，以获得新知识""贵公司能够认识

① Ritter T, Gemunden H G. Network competence：Its impact on innovation success and its antecedents [J]. Journal of Business Research, 2003, 59 (6)：745-755.

② Ritter T, Gemunden H G. The impact of a company's business strategy on its technological competence, network competence and innovation success [J]. Journal of Business Research, 2004, 57 (5)：548-556.

③ Ray G, Muhanna W A, Barney J B. Information technology and the performance of the customer service process：A resource-based analysis [J]. MIS Quarterly, 2005, 29 (4)：625-652.

④ Kostopoulos K, Papalexandris A, Papachroni M, et al. Absorptive capacity, innovation and financial performance [J]. Journal of Business Research, 2011, 64 (12)：1335-1343.

到市场的变化""贵公司能够将获取到的新知识进行记录，为将来使用做准备""贵公司能够将获取到的新知识与企业原有知识进行整合""贵公司能够将已消化的新知识用于技术创新和改善企业管理"5 个题项进行测量。

二、被解释变量测量

本书的被解释变量为产学研合作创新绩效（用 Per 表示），主要参考 Jacob et al.（2010）[1]、车维汉和张琳（2010）、王秀丽和王利剑（2009）的测量，从"贵公司近几年通过产学研合作研发的新产品数量越来越多""贵公司近几年通过产学研合作研发的专利数量越来越多""贵公司近几年专利成果转让收入越来越多""贵公司近几年通过产学研合作产生的新产品占主营业务比重越来越大"4 个题项进行测量。

除此之外，本书拟进行稳健性检验的成长性绩效主要参考张万宽（2008）[2]、孙永磊等（2014）[3] 的测量，从"贵公司近几年研发能力不断提高""贵公司近几年技术水平得到提升""合作方对贵公司以往合作项目较满意""贵公司近几年与合作方关系较稳定"4 个题项进行测量。

三、调节变量测量

本书的调节变量为创新激情，通过前文介绍可知创新激情分为和谐型创新激情（用 Pass-H 表示）和强迫型创新激情（用 Pass-F 表示）两个维度。变量的测量主要参考 Cohen（1990）、Zahra（2002）[4]、Rothaermel &

① Jacob M, Tomas H, Adler N, et al. From sponsorship to partnership in academy-industry relations [J]. R&D Management, 2010, 30 (3): 255-262.

② 张万宽. 高新技术领域的产学研技术联盟绩效研究——基于资源依附和交易成本的分析视角 [J]. 科技进步与对策, 2008, 25 (6): 12-16.

③ 孙永磊, 党兴华, 宋晶. 基于网络惯例的双元能力对合作创新绩效的影响 [J]. 管理科学, 2014, 27 (2): 38-47.

④ Zahra S A, George G. Absorptive capacity: a review, reconceptualization, and extension [J]. Academy of Management Review, 2002, 27 (2): 185-203.

Alexandre（2009）、Kostopoulos et al.（2013）、Vallerand 和 Houlfort（2003）等。其中，和谐型创新激情主要对"贵公司比较喜欢创新活动""创新活动带给贵公司各种各样的体验""贵公司喜欢尝试新方法、发现新事物""贵公司投入一定时间和精力进行创新活动""贵公司的优势在创新活动中基本得到体现""尽管创新对贵公司来说是一种激情，但贵公司仍能控制得当"6 个题项进行打分；强迫型创新激情主要对"贵公司创新的欲望非常强烈，完全无法从创新活动中自拔""贵公司完全离不开创新活动""贵公司很难想象没有创新活动会是什么样子""贵公司对创新活动有一种近乎痴迷的感觉""贵公司很难控制自己不去进行创新活动""贵公司有一种完全被创新活动控制的感觉"6 个题项进行打分。

四、控制变量测量

根据前文对组织边界跨越能力与产学研合作创新绩效的关系研究，本书选择企业成立年限、性质、所属行业、规模为控制变量。企业成立年限（用 Years 表示）分类中，1 代表 3 年以下，2 代表 3~10 年，3 代表 10 年以上；企业性质（用 Nature 表示）划分为三组，1 代表国有企业，2 代表私营企业，3 代表其他；企业所属行业（用 Industry 表示）划分为五组，1 代表电子或通信设备行业，2 代表生物医药或化工行业，3 代表新能源行业，4 代表软件或 IT 服务行业，5 代表电气或机械制造行业，6 代表其他行业；企业规模（用 Size 表示）分类中，1 代表小型企业，2 代表中型企业，3 代表大型企业。

第三节　小样本预测试

本书采用的调查问卷各题项均以学界基于实践研究或理论推导总结出的

问卷设计基本原则为标准,但是即便遵循一定的原则,问卷质量难免受到众多主观因素的限制,无法尽如人意。因此,在问卷正式投放前,需要对题项进行再度修整和完善。

考虑到问卷设计人员与被试目标群体间存在社会阅历、思维逻辑等方面的差异,对于题项含义与专有名词概念的理解极易出现偏差。因此,为确保调查问卷具有良好的信效度,在其正式投入调研前,通过小样本预测试进行质量评估是必不可少的环节。以便及时发现问卷中的问题,并对所出现的问题进行适当修改,保证本书调查问卷的合理性(马庆国,2002)[1]。小样本预测试又称预调查,即在被试群体中随机抽取总样本量的 5%~10% 作为样本群体,对该群体进行试验性调查,以进一步完善调查问卷的遣词造句、模糊概念,并依据信度分析与效度分析检验结果删除或增加题项的过程(徐映梅,2018)[2]。

本书以云南省具有代表性的产学研合作创新企业为研究对象,通过云南省科技厅综合业务管理系统,搜寻云南省科技厅近 10 年验收的省部级产学研合作项目,确定企业名称,并结合企业黄页等,制作云南省具有产学研合作的企业花名册。选取分别从属于电子/通信设备行业、生物医药/化工行业、新能源行业、软件/IT 服务业、电气/机械制造行业以及其他行业共计 20 家产学研合作企业为预调研样本企业,对其进行问卷调查和数据分析。小样本预测试采用纸质问卷与电子问卷相结合的方式,其中纸质问卷现场发放,电子问卷借助"问卷星"在线平台进行发放。为确保样本数据质量,对纸质问卷的排版与印刷环节进行严格筛选与把控,确保题项与答案的连贯性,以规避被试者翻页对照时造成的填写干扰;在电子问卷设计方面,考量被试者使用移动端的阅读习惯,对问卷布局进行了优化调整,对重点题项和关键字设置了字体加粗显示,以降低被试者遗漏信息的概率。考虑到被试都作为管理

① 马庆国. 中国管理科学研究面临的几个关键问题 [J]. 管理世界,2002(8):105-115+140.
② 徐映梅. 市场调查理论与方法 [M]. 北京:高等教育出版社,2018.

人员的时间规划及在线问卷平台的便利性，其中 12 家被试企业选择采用电子问卷的形式接受调研，共计发放问卷 45 份，收回问卷 37 份，剔除因填写不完整、填写无效或未填写等原因导致的 3 份无效问卷后，最终收回有效问卷 34 份；另外 8 家被试企业以邮件寄送的形式接受调研，共计发放问卷 25 份，收回问卷 25 份，剔除因填写不完整、填写无效或未填写等原因导致的 1 份无效问卷后，最终收回有效问卷 24 份。此次小样本预测试的问卷均由云南省具有产学研合作项目的企业中高层管理人员及其指定的对接产学研合作项目主管人员完成填写。为完成小样本预测试数据收集，本书总共发放问卷 70 份，最终收回问卷 62 份，其中包含经过筛选和剔除后的有效问卷 58 份，问卷有效率为 82.86%。

一、小样本预测试方法

本书主要从信度检验和探索性因子分析两方面对小样本数据进行分析，以保证预测试问卷的合理性。

（一）信度检验

信度，主要是指运用相同的测量量表对同一被试对象进行重复测试时，所得结果是否具有稳定性。问卷信度主要表征了量表内部各题项间的一致性程度，本书采用克隆巴赫-阿尔法系数（Cronbach's α）来检验调查问卷的信度。Cronbach's α 系数法能够检验调查问卷量表中不同测量题项是否能够对同一潜变量进行测量，同时也是评估其内部一致性系数比较合适的方法，目前学界对其应用较广泛（杜智敏，2010）。Cronbach's α 系数计算方法如下：

$$\text{Cronbach's } \alpha = \frac{n}{n-1} \left(1 - \frac{\sum_{i=1}^{n} S_i^2}{S^2}\right) \tag{4.1}$$

式（4.1）中，n 为量表题项数量，S_i 为量表第 i 个题项的方差，S^2 为量表内所有题项得分相加后的方差。Cronbach's α 系数大于 0.7，则说明量表具有良好的信度。当某题项被剔除后得到的新 Cronbach's α 系数若小于原量表的 Cronbach's α 系数，则表明该题项应该被保留；反之，当剔除后的新 Cronbach's α 系数大于原 Cronbach's α 系数，则应继续对剔除该题项后的剩余题项进行信度检验，直至无题项需剔除。

（二）探索性因子分析

探索性因子分析是检验量表结构效度常用的一种分析技术。具体来说，它通过降维的方法，能够对具有复杂关系的变量进行提取，从而得到几个核心变量。研究者通过探索性因子分析，可得到因子载荷值分布，以此来判断变量的结构效度。具体的评判标准是，代表相同变量的几个测量题项的因子载荷值大于 0.6，而代表其他变量的测量题项的因子载荷值小于 0.6，则表明该变量具有良好的结构效度。值得注意的是，要先对量表进行 KMO（Kaiser-Meyer-Olkin Measure of Sampling Adequacy）与 Bartlett 球体检验，才能确定该量表是否适合做探索性因子分析。若 KMO 值大于 0.7，Bartlett 球体检验对应的概率值小于 0.05 时，表明量表适合进行因子分析，否则不适合（马庆国，2002）。

二、小样本预测试结果

（一）组织边界跨越能力的信度检验与探索性因子分析结果

（1）组织边界跨越能力的信度检验结果。本书将组织边界跨越能力分为网络能力、IT 能力、吸收能力三个维度，如前所述，采用 Cronbach's α 信度系数对组织边界跨越能力三个维度量表进行信度检验，判断标准是 Cronbach's α 系数大于 0.7。

1）网络能力的信度检验结果：由表 4.1 可知，网络能力这一量表中，"贵公司善于分析自身发展战略与网络资源的匹配程度""贵公司经常与合作伙伴互相交流思想""贵公司与合作方形成了良好、稳定的合作关系""贵公司能够妥善处理合作中的冲突和分歧问题"符合删除标准，故予以删除。将这 4 个题项删除后，网络能力这一量表的 Cronbach's α 系数由原来的 0.904 变为 0.925，且其他题项删除后的 Cronbach's α 系数均小于 0.925，因此其余 4 个题项均予以保留。这表明经删除后的网络能力测量量表的 4 个测量题项具有较高的内部一致性，符合本书的信度要求。经信度检验，网络能力量表的题项由最初的 8 个删减为最终的 4 个题项。

2）IT 能力的信度检验结果：由表 4.1 可知，IT 能力这一量表中，"信息技术提高了贵公司与供应商谈判的能力""信息技术帮助贵公司监控市场份额的变化"符合删除标准，故予以删除。将这 2 个题项删除后，IT 能力这一量表的 Cronbach's α 系数由原来的 0.872 变为 0.893，且其他题项删除后的 Cronbach's α 系数均小于 0.893，因此其余 5 个题项均予以保留。这表明经删除后的 IT 能力测量量表的 5 个测量题项具有较高的内部一致性，符合本书的信度要求。经信度检验，IT 能力量表的题项由最初的 7 个删减为最终的 5 个题项。

3）吸收能力的信度检验结果：由表 4.1 可知，吸收能力这一量表中，"贵公司经常通过非正式的方式收集信息""贵公司能够从新知识中获取有利于企业发展的机会""贵公司经常考虑如何更好地利用知识"符合删除标准，故予以删除。将这 3 个题项删除后，吸收能力这一量表的 Cronbach's α 系数由原来的 0.890 变为 0.902，且其他题项删除后的 Cronbach's α 系数均小于 0.902，因此其余 5 个题项均予以保留。这表明经删除后的吸收能力测量量表的 5 个测量题项具有较高的内部一致性，符合本书的信度要求。经信度检验，吸收能力量表的题项由最初的 8 个删减为最终的 5 个题项。

表 4.1 组织边界跨越能力的信度检验结果 （N＝58）

编号	量表题项	删除该题项后信度系数	信度系数
Net$_1$	贵公司有预测网络发展和演化方向的能力	0.902	初始 0.904 最终 0.925
Net$_2$	贵公司善于分析自身发展战略与网络资源的匹配程度	0.906	
Net$_3$	贵公司能够判断不同网络成员关系的发展潜力与价值	0.901	
Net$_4$	贵公司较清楚以何种策略与潜在合作伙伴建立关系	0.901	
Net$_5$	贵公司具有发现、评估和选择合作伙伴的能力	0.903	
Net$_6$	贵公司经常与合作伙伴互相交流思想	0.905	
Net$_7$	贵公司与合作方形成了良好、稳定的合作关系	0.910	
Net$_8$	贵公司能够妥善处理合作中的冲突和分歧问题	0.907	
IT$_1$	贵公司在建立 IT 硬件上投入了一定预算	0.870	初始 0.372 最终 0.893
IT$_2$	贵公司在采购和开发 IT 软件方面投入了一定预算	0.871	
IT$_3$	贵公司在管理中能够使用 IT 应用程序	0.862	
IT$_4$	贵公司在新旧 IT 系统之间建立起了桥梁	0.868	
IT$_5$	当新的技术可使用时，贵公司能够意识到应用它的机会	0.871	
IT$_6$	信息技术提高了贵公司与供应商谈判的能力	0.880	
IT$_7$	信息技术帮助贵公司监控市场份额的变化	0.874	
Abs$_1$	贵公司经常和其他企业或机构交流，以获得新知识	0.884	初始 0.890 最终 0.902
Abs$_2$	贵公司经常通过非正式的方式收集信息	0.894	
Abs$_3$	贵公司能够认识到市场的变化	0.872	
Abs$_4$	贵公司能够将获取到的新知识进行记录，为将来使用做准备	0.853	
Abs$_5$	贵公司能够将获取到的新知识与企业原有知识进行整合	0.885	
Abs$_6$	贵公司能够从新知识中获取有利于企业发展的机会	0.892	
Abs$_7$	贵公司经常考虑如何更好地利用知识	0.897	
Abs$_8$	贵公司能够将消化的新知识用于技术创新和改善企业管理	0.867	

（2）组织边界跨越能力的探索性因子分析结果。信度检验通过后，本书对组织边界跨越能力的三个维度量表的不合理测量题项进行了删减。最终，网络能力保留了 4 个题项，IT 能力保留了 5 个题项，吸收能力保留了 5 个题项。现对这 14 个题项进行探索性因子分析，以检验组织边界跨越能力量表的结构效度。结果显示，组织边界跨越能力的 KMO 值为 0.796，大于 0.7 的标

准。采用主成分分析法对组织边界跨越能力量表的 14 个题项进行因子提取，并通过最大方差法进行因子旋转，共提取了 3 个因子，且题项在相应因子上的载荷均大于 0.6。这表明组织边界跨越能力量表的结构效度良好。

（二）产学研合作创新绩效的信度检验与探索性因子分析结果

（1）产学研合作创新绩效的信度检验结果。本书采用 Cronbach's α 信度系数对产学研合作创新绩效量表进行信度检验，判断标准是 Cronbach's α 系数大于 0.7。

由表 4.2 可知，产学研合作创新绩效这一量表中，"贵公司近几年通过产学研合作发表的论文数量越来越多"符合删除标准，故予以删除。将这 1 个题项删除后，产学研合作创新绩效这一量表的 Cronbach's α 系数由原来的 0.867 变为 0.889，且其他题项删除后 Cronbach's α 系数均小于 0.889，因此其余 4 个题项均予以保留。这表明经删除后的产学研合作创新绩效测量量表的 4 个测量题项具有较高的内部一致性，符合本书的信度要求。经信度检验，产学研合作创新绩效量表的题项由最初的 5 个删减为最终的 4 个题项。

表 4.2　产学研合作创新绩效的信度检验结果（N=58）

编号	量表题项	删除该题项后信度系数	信度系数
Perf₁	贵公司近几年通过产学研合作研发的新产品数量越来越多	0.854	初始 0.867 最终 0.889
Perf₂	贵公司近几年通过产学研合作研发的专利数量越来越多	0.841	
Perf₃	贵公司近几年通过产学研合作发表的论文数量越来越多	0.889	
Perf₄	贵公司近几年专利成果转让收入越来越多	0.826	
Perf₅	贵公司近几年通过产学研合作产生的新产品占主营业务比重越来越大	0.850	

此外，对本书拟进行稳健性检验的成长性绩效进行信度检验，检验结果如表 4.3 所示。由表 4.3 可知，成长性绩效这一量表中，"贵公司近几年参与产学研合作数量越来越多"符合删除标准，故予以删除。将这 1 个题项删除

后，成长性绩效这一量表的 Cronbach's α 系数由原来的 0.859 变为 0.874，且其他题项删除后 Cronbach's α 系数均小于 0.874，因此其余 4 个题项均考虑予以保留。这表明经删除后的成长性绩效测量量表的 4 个测量题项具有较高的内部一致性，符合本书的信度要求。经信度检验，成长性绩效量表的题项由最初的 5 个删减为最终的 4 个题项。

表 4.3 成长性绩效的信度检验结果 （N = 58）

编号	量表题项	删除该题项后信度系数	信度系数
$Perf_6$	贵公司近几年研发能力不断提高	0.834	
$Perf_7$	贵公司近几年参与产学研合作数量越来越多	0.874	
$Perf_8$	贵公司近几年技术水平得到提升	0.815	初始 0.859 最终 0.874
$Perf_9$	合作方对贵公司以往合作项目较满意	0.837	
$Perf_{10}$	贵公司近几年与合作方关系较稳定	0.804	

（2）产学研合作创新绩效的探索性因子分析结果。信度检验通过后，本书对产学研合作创新绩效量表的不合理测量题项进行了删减，最终保留 4 个题项。现就这 4 个题项进行探索性因子分析，以检验产学研合作创新绩效量表的结构效度。结果显示，产学研合作创新绩效的 KMO 值为 0.804，大于 0.7 的标准。采用主成分分析法对产学研合作创新绩效量表的 4 个题项进行因子提取，并通过最大方差法进行因子旋转，共提取了 1 个因子，且题项在相应因子上的载荷均大于 0.6。这表明产学研合作创新绩效量表的结构效度良好。

除此之外，对本书拟进行稳健性检验的成长性绩效测量题项进行因子分析。经删减，成长性绩效剩余 4 个测量题项，现就这 4 个题项进行探索性因子分析，以检验成长性绩效量表的结构效度。结果显示，成长性绩效的 KMO 值为 0.812，大于 0.7 的标准。采用主成分分析法对成长性绩效量表的 4 个题项进行因子提取，并通过最大方差法进行因子旋转，共提取了 1 个因子，且题项在相应因子上的载荷均大于 0.6。这表明成长性绩效量表的结构效度良好。

（三）创新激情的信度检验与探索性因子分析结果

（1）创新激情的信度检验结果。本书将创新激情分为和谐型创新激情与强迫型创新激情两个维度，如前所述，采用 Cronbach's α 信度系数对创新激情两个维度量表进行信度检验，判断标准是 Cronbach's α 系数大于 0.7。

1）和谐型创新激情的信度检验结果：由表 4.4 可知，和谐型创新激情这一量表中，"创新活动让贵公司有了许多值得回忆的经历"符合删除标准，故予以删除。将这 1 个题项删除后，和谐型创新激情这一量表的 Cronbach's α 系数由原来的 0.876 变为 0.895，且其他题项删除后 Cronbach's α 系数均小于 0.895，因此其余 6 个题项均予以保留。这表明经删除后的和谐型创新激情测量量表的 6 个测量题项具有较高的内部一致性，符合本书的信度要求。经信度检验，和谐型创新激情量表的题项由最初的 7 个删减为最终的 6 个题项。

2）强迫型创新激情的信度检验结果：由表 4.4 可知，强迫型创新激情这一量表中，"贵公司能否做好创新活动决定了贵公司状况的好坏"符合删除标准，故予以删除。将这 1 个题项删除后，强迫型创新激情这一量表的 Cronbach's α 系数由原来的 0.903 变为 0.911，且其他题项删除后 Cronbach's α 系数均小于 0.911，因此其余 6 个题项均予以保留。这表明经删除后的强迫型创新激情测量量表的 6 个测量题项具有较高的内部一致性，符合本书的信度要求。经信度检验，强迫型创新激情量表的题项由最初的 7 个删减为最终的 6 个题项。

表 4.4　创新激情的信度检验结果（N=58）

编号	量表题项	删除该题项后信度系数	信度系数
Pass−H1	贵公司比较喜欢创新活动	0.841	初始 0.876 最终 0.895
Pass−H2	创新活动带给贵公司各种各样的体验	0.863	
Pass−H3	贵公司喜欢尝试新方法、发现新事物	0.872	
Pass−H4	贵公司投入一定时间和精力进行创新活动	0.634	
Pass−H5	贵公司的优势在创新活动中基本得到体现	0.777	
Pass−H6	尽管创新对贵公司是一种激情，但贵公司仍能控制得当	0.673	
Pass−H7	创新活动让贵公司有了许多值得回忆的经历	0.895	
Pass−F1	贵公司创新的欲望非常强烈，完全无法从创新活动中自拔	0.899	初始 0.903 最终 0.911
Pass−F2	贵公司完全离不开创新活动	0.842	
Pass−F3	贵公司很难想象没有创新活动会是什么样子	0.876	
Pass−F4	贵公司对创新活动有一种近乎痴迷的感觉	0.884	
Pass−F5	贵公司很难控制自己不去进行创新活动	0.857	
Pass−F6	贵公司有一种完全被创新活动控制的感觉	0.896	
Pass−F7	贵公司能否做好创新活动决定了贵公司状况的好坏	0.911	

（2）创新激情的探索性因子分析结果。信度检验通过后，本书对创新激情的两个维度量表的不合理测量题项进行了删减。最终，和谐型创新激情保留了 6 个题项、强迫型创新激情保留了 6 个题项。现就这 12 个题项进行探索性因子分析，以检验创新激情量表的结构效度。结果显示，创新激情的 KMO值为 0.899，大于 0.7 的标准。采用主成分分析法对创新激情量表的 12 个题项进行因子提取，并通过最大方差法进行因子旋转，共提取了 2 个因子，且题项在相应因子上的载荷均大于 0.6。这表明创新激情量表的结构效度良好。

第四节 数据收集与样本描述

一、数据收集

鉴于组织边界跨越能力及创新激情变量难以用财务报表数据来度量，加之问卷调查法在相关检验方面拥有较高的科学性、较大的可行性，故本书采用问卷调查法进行数据的收集。数据收集是在正式调研阶段，为获取有效数值以验证理论假设模型科学性的过程（郑晶晶，2014)[①]。具体包括调研对象的选择、调查问卷的发放、回收及筛选有效问卷等主要环节。

首先，调研对象的选择。本书聚焦于"组织边界跨越能力对产学研合作创新绩效的作用关系机理"，且企业方在产学研合作创新过程中具有重要作用，故调研对象圈定为云南省具有代表性的产学研合作创新企业。通过云南省科技厅综合业务管理系统，筛选云南省科技厅 2009~2019 年验收的省部级产学研合作，确定各项目企业方名称，并结合企业黄页等途径，制作云南省具代表性的产学研合作创新企业花名册。考虑到本书的因变量为产学研合作创新绩效，故要求被试企业应具备参与的产学研合作创新联盟成立时间相对较长、产学研合作创新联盟组织架构相对稳定、企业技术更新速度相对灵活、企业创新能力相对优渥等条件。以此筛选出的企业所属行业类别覆盖电子/通信设备行业、生物医药/化工行业、新能源行业、软件/IT 服务业、电气/机械制造行业等战略性新兴产业。考虑到实证结果应具备一定的普适性和科学性，故要求被试企业应有显著差异性的背景条件。以此分别按照成立年限、

---

① 郑晶晶. 问卷调查法研究综述［J］. 理论观察，2014，100（10）：102-103.

企业性质、企业规模、产学研合作持续时间等类别进行分组。具体分组情况如下：企业成立年限方面，被调查对象涵盖成立 3 年以下、成立 3~10 年、成立 10 年以上；企业性质方面，被调查对象涵盖国有企业、私营企业、其他企业；企业规模方面，被调查对象涵盖小型企业、中型企业、大型企业；产学研合作持续时间方面，被调查对象涵盖持续 3 年以下、持续 3~5 年、持续 5 年以上。同时，为确保问卷填写情况与企业产学研合作创新现状相匹配，故被试人员均满足年龄 55 岁以下、教育背景为本科及以上、入职时间为 3 年以上等条件，且均为企业中高层管理人员及其所指定的负责产学研合作创新项目对接的主管部门人员。

其次，调查问卷的发放。本书采用滚动发放法，从云南省具代表性的产学研合作创新企业花名册中随机抽选 50 家企业，在云南省科技厅协助下以直接发放与间接发放两种途径完成了该研究环节。直接发放指被试者现场填写问卷，待填写完成后由研究人员立即回收问卷。通过云南省科技厅与被选中样本企业取得联系，并约定与其在适当的时间、地点完成调查问卷填写；间接发放指通过邮件寄送等形式远程推送到被试企业，待被试者填写完成后再邮寄回课题组。参照小样本预测试阶段采用邮件寄送与在线平台相结合的方式，通过在线平台发放的电子问卷回收率显著低于邮件寄送形式发放的纸质问卷回收率，故在正式调研阶段，本书在间接发放方式中仅选择邮件寄送纸质问卷的发放形式。其中 17 家被试企业选择采用现场发放的直接途径接受调研，共计发放问卷 102 份，收回问卷 85 份，剔除无效问卷 5 份，最终收回有效问卷 80 份；33 家被试企业选择采用邮件寄送的间接途径接受调研，共计发放 198 份，收回问卷 156 份，剔除无效问卷 7 份，最终收回有效问卷 149 份。此次正式调研的问卷均采用纸质问卷形式，且均向每家企业发放 6 份问卷（其中 3 份由企业内部中高层管理人员填写，3 份由被试企业负责对接产学研合作项目的主管人员填写）。最终团队共向 50 家被试企业、共 300 名产学研合作项目相关人员发放问卷 300 份。

最后，回收及筛选有效问卷。本书通过现场即时回收及邮件寄送的形式汇总与整理调查问卷，并筛选与剔除因填写不完整、答案一致性高或呈明显规律性、未填写等原因导致的无效问卷，从而得到有效回收问卷。本书正式调研历经 4 个月的发放、收集及整理工作，最终共收回问卷 241 份，剔除 12 份无效问卷后，共获得有效问卷 229 份，有效回收率为 76.3%。

二、描述性统计分析

本书共 229 份有效样本，表 4.5 给出了有效样本的统计性特征。

表 4.5　样本统计特征（N = 229）

项目	类型	频数	频率（%）
成立年限	1 = 3 年以下	24	10.5
	2 = 3 ~ 10 年	28	12.2
	3 = 10 年以上	177	77.3
企业性质	1 = 国有企业	51	22.3
	2 = 私营企业	143	62.4
	3 = 其他	35	15.3
所属行业	1 = 电子/通信设备行业	19	8.3
	2 = 生物医药/化工行业	34	14.8
	3 = 新能源行业	6	2.6
	4 = 软件/IT 服务业	31	13.5
	5 = 电气/机械制造行业	21	9.2
	6 = 其他行业	118	51.5
企业规模	1 = 小型	73	31.9
	2 = 中型	61	26.6
	3 = 大型	95	41.5
有无独立研发部门	1 = 有	179	78.2
	2 = 无	50	21.8

续表

项目	类型	频数	频率（%）
研发人员数量	1＝10 人及以下	58	25.3
	2＝11~30 人	33	14.4
	3＝30 人以上	138	60.3
产学研合作持续时间	1＝3 年以下	46	20.1
	2＝3~5 年	43	18.8
	3＝5 年以上	140	61.1

三、信效度分析

对于大样本正式调查问卷，本书仍采用和小样本预测试问卷相同的方法进行信效度检验。具体来说，量表的信度采用 Cronbach's α 系数检验量表的稳定性，Cronbach's α 系数的取值范围为 0~1，且系数越近 1，量表题项的可信性越高，当 Cronbach's α 值大于 0.7，则量表的内部一致性良好（吴明隆，2010）[1]。量表的效度采用探索性因子分析（Exploratory Factor Analysis，EFA），通过简化数据结构以检验各变量测度量表效度的统计方法。在进行因子分析前，需进行 KMO 和 Bartlett 球体检验以进行样本充分性判断，当 KMO 值大于 0.7，且 Bartlett 球体检验对应的概率值小于 0.05，则表明量表可以进行因子分析（Spicer，2005）[2]。具体而言，利用主成分分析法（Principal Component Analysis，PCA）和最大方差旋转法（Orthogonal Rotation Based on Varimax）进行因子分析，因子载荷应大于 0.6。在收敛效度方面，本书采用组合信度（Composite Reliability，CR）和平均方差萃取量（Average Variance Extracted，AVE）作为检验指标。若组合信度大于 0.7、平均方差萃取量大于 0.5，则说明所用量表具有良好的收敛效度。此外，本书参考吴明隆（2010）

---

① 吴明隆. 问卷统计分析实务——SPSS 的操作与应用 [M]. 重庆：重庆大学出版社，2010.

② Spicer J. Making sense of multivariate data analysis [J]. Annals of Pharmacotherapy，2005，46（6）：812-821.

的研究，比较各维度 AVE 平方根与各因子间相关系数，若各变量的 AVE 平方根均大于因子间相关系数的最大值，则说明本书各变量间具有良好的区分效度。CR 与 AVE 计算公式如下：

$$AVE = \frac{\sum\limits_{i=1}^{n} \lambda_i^2}{n}$$

$$CR = \frac{\sum\limits_{i=1}^{n} \lambda_i^2}{\left(\sum\limits_{i=1}^{n} \lambda_i\right)^2 + \sum\limits_{i=1}^{n} (1-\lambda_i^2)}$$

（一）组织边界跨越能力

组织边界跨越能力的信效度检验如表 4.6 所示。由检验结果可知，网络能力、IT 能力、吸收能力的 Cronbach's α 系数值分别为 0.921、0.889 和 0.923，说明量表具有良好的信度。利用探索性因子分析检验组织边界跨越能力的效度，分析结果显示，网络能力、IT 能力、吸收能力的 KMO 值分别为 0.829、0.844 和 0.896，均大于 0.7，且 Bartlett 球体检验显著性水平小于 0.05，表明该样本数据适合做因子分析。

利用主成分分析和最大方差旋转法，提取特征根大于 1 的因子，由结果可知，组织边界跨越能力因子分析提取了 3 个因子，且题项在相应因子上的载荷均大于 0.6，各题项的共同解释度均在 0.6 以上。3 个因子分别解释了原有量表题项 27.837%、25.031%、23.664% 的方差变异，累计解释了原有量表题项 76.532% 的方差变异，这说明组织边界跨越能力量表具有良好的效度。

利用标准化因子载荷、平均变异数萃取量（AVE）及组合效度（CR）检验量表的收敛效度。结果显示，网络能力、IT 能力和吸收能力的 AVE 值分别为 0.606、0.595 和 0.607，CR 值分别为 0.860、0.880 和 0.885。各维度的 AVE 值均大于 0.5 且 CR 值均大于 0.7，这说明组织边界跨越能力所用量表具有良好的收敛效度。

表 4.6　组织边界跨越能力的探索性因子分析（N = 229）

编号	量表题项	因子载荷			α值	KMO值	CR	AVE
		1	2	3				
Net$_1$	贵公司有预测网络发展和演化方向的能力	0.305	0.231	0.804				
Net$_2$	贵公司能够判断不同网络成员关系的发展潜力与价值	0.344	0.206	0.813				
Net$_3$	贵公司较清楚以何种策略与潜在合作伙伴建立关系	0.373	0.252	0.775	0.921	0.829	0.860	0.606
Net$_4$	贵公司具有发现、评估和选择合作伙伴的能力	0.484	0.232	0.718				
IT$_1$	贵公司在建立 IT 硬件上投入了一定预算	0.331	0.761	0.012				
IT$_2$	贵公司在采购和开发 IT 软件方面投入了一定预算	0.259	0.821	0.177				
IT$_3$	贵公司在管理中能够使用 IT 应用程序	0.255	0.782	0.207	0.889	0.844	0.880	0.595
IT$_4$	贵公司在新旧 IT 系统之间建立起了桥梁	0.165	0.788	0.343				
IT$_5$	当新的技术可使用时，贵公司能够意识到应用它的机会	0.091	0.699	0.458				
Abs$_1$	贵公司经常和其他企业或机构交流，以获得新知识	0.786	0.244	0.235				
Abs$_2$	贵公司能够认识到市场的变化	0.791	0.198	0.282				
Abs$_3$	贵公司能够将获取的新知识存档，为将来使用做准备	0.793	0.250	0.348	0.923	0.896	0.885	0.607
Abs$_4$	贵公司能够将获取到的新知识与企业原有知识进行整合	0.760	0.328	0.306				
Abs$_5$	贵公司能够将消化的新知识用于技术创新和改善企业管理	0.764	0.222	0.373				

（二）产学研合作创新绩效

产学研合作创新绩效的信效度检验如表 4.7 所示。检验结具表明，量表的 Cronbach's α 系数值为 0.907，表明产学研合作创新绩效量表存在良好的内部一致性。利用探索性因子分析检验该量表的效度，分析结果显示，量表的 KMO 值为 0.798，大于 0.7，且 Bartlett 球体检验显著性水平小于 0.05，表明该样本数据比较适合做因子分析。

利用主成分分析和最大方差旋转法，提取特征根大于 1 的因子，结果显示，产学研合作创新绩效因子分析提取了 1 个因子，且题项在相应因子上的载荷均大于 0.6，各题项的共同解释度均在 0.6 以上。因子累计解释了原有量表题项 78.342% 的方差变异，说明产学研合作创新绩效量表具有良好的效度。

研究采用标准化因子载荷、平均变异数萃取量（AVE）及组合效度（CR）检验量表的收敛效度。结果显示，产学研合作创新绩效的 AVE 值为 0.783，CR 值为 0.935。AVE 值大于 0.5 且 CR 值大于 0.7，这说明产学研合作创新绩效所用量表具有良好的收敛效度。

表 4.7　产学研合作创新绩效的探索性因子分析（N=229）

编号	量表题项	因子载荷	α 值	KMO 值	CR	AVE
$Perf_1$	贵公司近几年通过产学研合作研发的新产品数量越来越多	0.891	0.907	0.798	0.935	0.783
$Perf_2$	贵公司近几年通过产学研合作研发的专利数量越来越多	0.896				
$Perf_3$	贵公司近几年专利成果转让收入越来越多	0.892				
$Perf_4$	贵公司近几年通过产学研合作产生新产品占主营业务比重越来越大	0.860				

除此之外，对本书拟进行稳健性检验的成长性绩效进行信效度检验，结果如表 4.8 所示。检验结果表明，量表的 Cronbach's α 系数值为 0.921，表明量表存在良好的内部一致性。利用探索性因子分析检验该量表的效度，分析结果显示，量表的 KMO 值为 0.781，大于 0.7，且 Bartlett 球体检验显著性水平小于 0.05，表明该样本数据比较适合做因子分析。

利用主成分分析和最大方差旋转法，提取特征根大于 1 的因子，结果显示，成长性绩效因子分析提取了 1 个因子，且题项在相应因子上的载荷均大于 0.6，各题项的共同解释度均在 0.6 以上。因子累计解释了原有量表题项81.253%的方差变异，说明量表具有良好的效度。

采用标准化因子载荷、平均变异数萃取量（AVE）及组合效度（CR）检验量表的收敛效度。结果显示，成长性创新绩效的 AVE 值为 0.812，CR 值为 0.945。AVE 值大于 0.5 且 CR 值大于 0.7，这说明成长性创新绩效所用量表具有良好的收敛效度。

表 4.8　成长性绩效的探索性因子分析（N=229）

编号	量表题项	因子载荷	α 值	KMO 值	CR	AVE
Perf$_5$	贵公司近几年研发能力不断提高	0.893				
Perf$_6$	贵公司近几年技术水平得到提升	0.924	0.921	0.781	0.945	0.812
Perf$_7$	合作方对贵公司以往合作项目较满意	0.915				
Perf$_8$	贵公司近几年与合作方关系较稳定	0.872				

（三）创新激情

创新激情的信效度检验如表 4.9 所示。检验结果表明，和谐型创新激情和强迫型创新激情的 Cronbach's α 系数值分别为 0.924 和 0.952，说明量表具有良好的信度。利用探索性因子分析检验创新激情量表的效度，和谐型创新激情和强迫型创新激情的 KMO 值分别为 0.901 和 0.890，均大于 0.7，且Bartlett 球体检验显著性水平小于 0.05，表明该样本数据适合做因子分析。

利用主成分分析和最大方差旋转法，将特征根大于 1 的因子进行提取，结果显示，创新激情因子分析提取了 2 个因子，且题项在相应因子上的载荷均大于 0.6，各题项的共同解释度均在 0.6 以上。2 个因子分别解释了原有量表题项40.741%和36.553%的方差变异，累计解释了原有量表题项77.294%的方差变异，这说明创新激情量表具有良好的效度。

研究采用标准化因子载荷、平均变异数萃取量（AVE）及组合效度

（CR）检验量表的收敛效度。结果显示，和谐型创新激情和强迫型创新激情的 AVE 值分别为 0.754 和 0.743，CR 值分别为 0.948 和 0.945。各维度的 AVE 值均大于 0.5 且 CR 值均大于 0.7，这说明创新激情所用量表具有良好的收敛效度。

表 4.9　创新激情的探索性因子分析（N = 229）

编号	量表题项	因子载荷		α值	KMO值	CR	AVE
		1	2				
Pass-H1	贵公司比较喜欢创新活动	-0.023	0.830				
Pass-H2	创新活动带给贵公司各种各样的体验	-0.126	0.855				
Pass-H3	贵公司喜欢尝试新方法、发现新事物	0.098	0.866				
Pass-H4	贵公司投入一定时间和精力进行创新活动	0.019	0.905	0.924	0.901	0.948	0.754
Pass-H5	贵公司的优势在创新活动中基本得到体现	0.121	0.845				
Pass-H6	尽管创新对贵公司是一种激情，但贵公司仍能控制得当	0.019	0.809				
Pass-F1	贵公司的创新欲望非常强烈，完全无法从创新活动中自拔	0.875	0.103				
Pass-F2	贵公司完全离不开创新活动	0.888	0.087				
Pass-F3	贵公司很难想象没有创新活动会是什么样子	0.898	0.055	0.952	0.890	0.945	0.743
Pass-F4	贵公司对创新活动有一种近乎痴迷的感觉	0.923	-0.029				
Pass-F5	贵公司很难控制自己不去进行创新活动	0.918	-0.018				
Pass-F6	贵公司有一种完全被创新活动控制的感觉	0.892	-0.087				

四、相关性分析

本书对组织边界跨越能力中网络能力（记为 Net）、IT 能力（记为 IT）、吸收能力（记为 Abs）与和谐型创新激情（记为 Pass-H）、强迫型创新激情（记为 Pass-F）与产学研合作创新绩效（记为 Perf）进行相关性检验。

表 4.10 变量之间的相关性 (N=229)

	Years	Nature	Industry	Size	Net	IT	Abs	Pass-H	Pass-F	PH*Net	PH*IT	PH*Abs	PF*Net	PF*IT	PF*Abs	Perf
Years	—															
Nature	-0.265***	—														
Industry	0.036	0.255***	—													
Size	0.526***	-0.307***	-0.118	—												
Net	0.186**	-0.022	-0.025	0.230***	0.884											
IT	0.178**	-0.029	-0.049	0.284***	0.659***	0.862										
Abs	0.165**	-0.074	-0.009	0.171**	0.550***	0.309***	0.796									
Pass-H	0.060	-0.096	-0.063	0.094	0.464***	0.412***	0.412***	0.890								
Pass-F	-0.200***	-0.001	-0.018	0.021	0.034	-0.002	-0.042	0.000	0.886							
PH*Net	-0.019	0.102	0.025	0.016	-0.073	-0.040	-0.009	-0.177**	0.056	—						
PH*IT	-0.012	0.019	0.088	0.008	-0.045	-0.126	-0.083	-0.174**	-0.021	0.744***	—					
PH*Abs	0.041	0.059	0.088	0.040	-0.010	-0.075	-0.176***	-0.171***	0.081	0.649***	0.589***	—				
PF*Net	-0.125	-0.068	0.009	-0.105	-0.319***	-0.149**	-0.288***	0.065	0.112	-0.134**	-0.071	-0.059	—			
PF*IT	0.021	-0.022	0.075	-0.011	-0.170**	-0.076	-0.193**	-0.025	0.111	-0.060	-0.052	0.010	0.646***	—		
PF*Abs	-0.047	-0.081	-0.019	-0.101	-0.316***	-0.185**	-0.174**	0.103	0.077	-0.039	0.024	-0.038	0.721***	0.363***	—	
Perf	0.142**	-0.078	-0.167**	0.276***	0.718***	0.553***	0.558***	0.348***	-0.102	0.275***	0.023	0.453***	-0.376***	-0.299***	-0.353***	0.843

注：* 表示 p<0.1；** 表示 p<0.05；*** 表示 p<0.001。

表 4.10 给出了各变量之间的 Pearon 相关系数矩阵。从表 4.10 中可以看出，网络能力、IT 能力、吸收能力均与产学研合作创新绩效间呈显著正相关关系（0.718，p<0.001；0.553，p<0.001；0.558，p<0.001），初步可验证 H1、H2、H3；和谐型创新激情分别和网络能力、吸收能力的交互项，与产学研合作创新绩效间呈显著正相关关系（0.275，p<0.001；0.453，p<0.001），初步可验证 H4、H6；和谐型创新激情和 IT 能力的交互项，与产学研合作创新绩效间未表现出显著正相关关系（0.023，p>0.1），H5 暂未验证；强迫型创新激情分别和网络能力、IT 能力、吸收能力的交互项，与产学研合作创新绩效间表现出显著负相关关系（-0.376，p<0.001；-0.299，p<0.001；-0.353，p<0.001），初步可验证 H7、H8、H9。

第五章　实证结果与分析

第一节　假设检验

由以上相关分析的结果可知，H1~H6 已初步得到验证，接下来本书将借鉴崔蓓和王玉霞（2017）① 的实证检验方法，利用 SPSS 分析软件，采用层次回归分析法依次对各变量进行回归分析，检验组织边界跨越能力三个维度（网络能力、IT 能力、吸收能力）对产学研合作创新绩效的主效应，以及创新激情两个维度（和谐型创新激情、强迫型创新激情）的调节效应。为了降低和消除各变量间潜在的多重共线性问题，本书对各变量采取了标准化的处理方法，并进行回归分析。具体包括以下步骤：第一步，加入控制变量，对控制变量及产学研合作创新绩效进行回归性分析，以控制个体因素产生的影响（对应模型 1）。第二步，在控制变量的基础上，分别加入组织边界跨越能力三个维度作为自变量，分别检验它们和产学研合作创新绩效间是否存在正向关系（分别对应模型 2、模型 7、模型 12）。第三步，在第二步的基础上，分别再加入创新激情两个维度作为自变量，以检验创新激情两个维度的主效

①　崔蓓，王玉霞. 供应网络联系强度与风险分担：依赖不对称的调节作用 [J]. 管理世界，2017，35（4）：106-118.

应（分别对应模型3和模型5、模型8和模型10、模型13和模型15）。第四步，在第三步的基础上，依次加入创新激情两个维度与组织边界跨越能力三个维度间的交互项，以检验创新激情的调节效应（分别对应模型4和模型6、模型9和模型11、模型14和模型16）。为避免估计偏差，本书对创新激情和组织边界跨越能力三个维度分别进行了标准化处理，然后构建了两者之间的交互项。

一、网络能力、创新激情与产学研合作创新绩效

网络能力、创新激情与产学研合作创新绩效间的回归模型如表5.1所示。首先，以企业成立年限（Years）、性质（Nature）、所属行业（Industry）、规模（Size）等控制变量作为自变量，以产学研合作创新绩效作为因变量，构建了模型1。其次，在模型1的基础上，加入网络能力，构建了模型2。由回归结果可知，在控制企业成立年限、性质、所属行业、规模等变量的情况下，网络能力对产学研合作创新绩效表现出显著的正向关系（0.695，$p<0.001$）。因此，H1得到验证。

运用层次回归法分析和谐型创新激情的调节作用。在模型2的基础上，加入和谐型创新激情，构建了模型3。结果表明，网络能力及和谐型创新激情均正向影响产学研合作创新绩效（0.690，$p<0.001$；0.113，$p<0.05$）。进一步，本书对和谐型创新激情和网络能力两个变量做了标准化处理，并构造和谐型创新激情与网络能力的交互项，将其引入回归方程，构建了模型4。回归结果显示，加入交互项后，不仅模型依然显著，而且上述变量的系数也显著（0.690，$p<0.001$；0.115，$p<0.05$；0.132，$p<0.05$），这表明和谐型创新激情与网络能力的交互项正向影响产学研合作创新绩效，即和谐型创新激情越高，网络能力与产学研合作创新绩效间的正向关系越强。因此，H4得到了验证，即和谐型创新激情正向调节网络能力和产学研合作创新绩效间的关系。

进一步地，运用层次回归法分析强迫型创新激情的调节作用。在模型 2 的基础上，加入强迫型创新激情，构建了模型 5。结果表明，网络能力正向影响产学研合作创新绩效（0.691，p<0.001），强迫型创新激情负向影响产学研合作创新绩效（−0.130，p<0.05）。进一步，对强迫型创新激情和网络能力两个变量进行标准化处理后，将它们的交互项引入回归方程，构建了模型 6。回归结果显示，加入交互项后，不仅模型依然显著，而且上述变量的系数也显著（0.637，p<0.001；−0.134，p<0.05；−0.177，p<0.001），这表明强迫型创新激情与网络能力的交互项对产学研合作创新绩效产生负向影响，即强迫型创新激情越高，网络能力与产学研合作创新绩效间的正向关系越弱。因此，H7 得到了验证，即强迫型创新激情负向调节网络能力和产学研合作创新绩效间的关系。

为保证上述结论有效，本书还需对变量间是否存在多重共线性及自我相关性问题进行检验。本书采用学界普遍使用的容差和方差膨胀因子（VIF）进行评估，具体的评估标准为容差大于 0.1，且 VIF 小于 10，即变量间不存在多重共线性问题（余向前，2013）。由表 5.1 可以看出，模型 1~模型 6 的 F 值均显著（p<0.001），模型的 R^2 和调整后 R^2 值说明模型的整体效果比较好；容差和 VIF 的检验结果见附录 C 表 C1 数据。由表 C1 可知，各个模型的 VIF 值均小于 10，且容差均大于 0.1，表明多重共线性问题在各变量间不存在；另外，各个模型的 Durbin-Watson 值均接近 2，说明序列相关性问题在各回归模型间不存在。

表 5.1 网络能力、创新激情与产学研合作创新绩效关系模型检验结果（N=229）

控制变量	因变量					
	模型 1 Perf	模型 2 Perf	模型 3 Perf	模型 4 Perf	模型 5 Perf	模型 6 Perf
Years	0.022	−0.050	−0.049	−0.048	−0.029	−0.039
Nature	0.046	−0.004	−0.003	−0.010	−0.001	−0.020

续表

控制变量	因变量					
	模型 1 Perf	模型 2 Perf	模型 3 Perf	模型 4 Perf	模型 5 Perf	模型 6 Perf
Industry	−0.149**	−0.133**	−0.132**	−0.132**	−0.134**	−0.129**
Size	0.261***	0.126**	0.126**	0.120**	0.115**	0.108**
自变量						
Net		0.695***	0.690***	0.690***	0.691***	0.637***
Pass−H			0.113**	0.115**		
Pass−F					−0.130**	−0.134**
Pass−H * Net				0.132**		
Pass−F * Net						−0.177***
R^2	0.097	0.549	0.549	0.555	0.553	0.581
调整后 R^2	0.080	0.539	0.537	0.540	0.541	0.567
F 值	5.985***	54.335***	45.091***	39.300***	45.857***	43.717***
VIF 最大值	1.460	1.501	1.502	1.508	1.549	1.553
Durbin−Watson 值	1.777	1.795	1.792	1.777	1.810	1.827

注：* 表示 $p<0.1$；** 表示 $p<0.05$；*** 表示 $p<0.001$。

二、IT 能力、创新激情与产学研合作创新绩效

IT 能力、创新激情与产学研合作创新绩效间的回归模型如表 5.2 所示。首先，以企业成立年限（Years）、性质（Nature）、所属行业（Industry）、规模等控制变量作为自变量，以产学研合作创新绩效作为因变量，构建了模型 1。其次，在模型 1 的基础上，加入 IT 能力，构建了模型 7。由回归结果可知，在控制企业成立年限、性质、所属行业、规模等变量的情况下，IT 能力对产学研合作创新绩效表现出显著的正向关系（0.514，$p<0.001$）。因此，H2 得到验证。

运用层次回归法分析和谐型创新激情的调节作用。在模型 7 的基础上，加入和谐型创新激情，构建了模型 8。结果表明，IT 能力及和谐型创新激情

均对产学研合作创新绩效产生正向影响（0.453，p<0.001；0.143，p<0.05）。进一步，对和谐型创新激情和 IT 能力两个变量进行标准化处理，将它们的交互项引入回归方程，构建了模型 9。回归结果显示，和谐型创新激情与 IT 能力的交互作用并不显著（0.071，p>0.1），即和谐型创新激情对 IT 能力与产学研合作创新绩效的关系不存在显著调节作用。因此，H5 未得到验证。

进一步地，运用层次回归法分析强迫型创新激情的调节作用。在模型 7 的基础上，加入强迫型创新激情，构建了模型 10。结果表明，IT 能力正向影响产学研合作创新绩效（0.514，p<0.001），强迫型创新激情负向影响产学研合作创新绩效（−0.125，p<0.05）。进一步，本书对强迫型创新激情和 IT 能力两个变量进行标准化处理，将它们的交互项引入回归方程，构建了模型 11。回归结果显示，强迫型创新激情与 IT 能力的交互作用并不显著（0.065，p>0.1），即强迫型创新激情对 IT 能力与产学研合作创新绩效的关系不存在显著调节作用。因此，H8 未得到验证。

由表 5.2 可以看出，各模型的 F 值均显著（p<0.001），模型的 R^2 和调整后 R^2 值说明模型的整体效果比较好；容差和 VIF 的检验结果见附录 C 表 C2 数据。由表 C2 可知，各个模型的 VIF 值均小于 10，且容差均大于 0.1，表明多重共线性问题在各变量间不存在；除此之外，各个模型的 Durbin-Watson 值均接近 2，说明序列相关性问题在各回归模型间不存在。

表 5.2　IT 能力、创新激情与产学研合作创新绩效关系模型检验结果（N=229）

控制变量	因变量					
	模型 1 Perf	模型 7 Perf	模型 8 Perf	模型 9 Perf	模型 10 Perf	模型 11 Perf
Years	0.022	−0.007	−0.005	−0.003	0.024	0.040
Nature	0.046	0.004	0.018	0.019	0.008	−0.002
Industry	−0.149 **	−0.129 **	−0.125 **	−0.132 **	−0.131 **	−0.110 *

续表

控制变量	因变量					
	模型 1 Perf	模型 7 Perf	模型 8 Perf	模型 9 Perf	模型 10 Perf	模型 11 Perf
Size	0.261 ***	0.120 *	0.128 **	0.123 *	0.103	0.096
自变量						
IT		0.514 ***	0.453 ***	0.459 ***	0.514 ***	0.493 ***
Pass-H			0.143 **	0.153 **		
Pass-F					-0.125 **	-0.136 **
Pass-H * IT				0.071		
Pass-F * IT						0.065
R^2	0.097	0.338	0.355	0.360	0.348	0.418
调整后 R^2	0.080	0.323	0.337	0.339	0.330	0.339
F 值	5.985 ***	22.759 ***	20.341 ***	17.729 ***	19.732 ***	22.635 ***
VIF 最大值	1.460	1.543	1.546	1.551	1.573	1.574
Durbin-Watson 值	1.777	1.743	1.738	1.741	1.780	1.902

注：* 表示 p<0.1；** 表示 p<0.05；*** 表示 p<0.001。

三、吸收能力、创新激情与产学研合作创新绩效

吸收能力、创新激情与产学研合作创新绩效间的回归模型如表 5.3 所示。首先，以企业成立年限（Years）、性质（Nature）、所属行业（Industry）、规模（Size）等控制变量作为自变量，以产学研合作创新绩效作为因变量，构建了模型 1；随后，在模型 1 的基础上，加入吸收能力，构建了模型 12。由回归结果可知，在控制企业成立年限、性质、所属行业、规模等变量的情况下，吸收能力对产学研合作创新绩效产生显著正向影响（0.532，p<0.001）。因此，H3 得到验证。

运用层次回归法分析和谐型创新激情的调节作用。在模型 12 的基础上，加入和谐型创新激情，构建了模型 13。结果表明，吸收能力及和谐型创新激情均对产学研合作创新绩效产生正向影响（0.478，p<0.001；0.130，p<

0.05）。进一步，对和谐型创新激情和吸收能力两个变量进行标准化处理，将它们的交互项引入回归方程，构建了模型14。回归结果显示，加入交互项后，不仅模型依然显著，而且上述变量的系数也显著（0.495，p<0.001；0.143，p<0.05；0.118，p<0.05），这表明和谐型创新激情与吸收能力的交互项正向影响产学研合作创新绩效，即和谐型创新激情越高，吸收能力与产学研合作创新绩效间的正向关系越强。因此，H6得到了验证，即和谐型创新激情正向调节吸收能力和产学研合作创新绩效间的关系。

进一步地，运用层次回归法分析强迫型创新激情的调节作用。在模型12基础上，加入强迫型创新激情，构建了模型15。结果表明，吸收能力正向影响产学研合作创新绩效（0.534，p<0.001），强迫型创新激情负向影响产学研合作创新绩效（-0.118，p<0.05）。进一步，本书对强迫型创新激情和吸收能力两个变量进行标准化处理，将它们的交互项引入回归方程，构建了模型16。回归结果显示，加入交互项后，不仅模型依然显著，而且上述变量的系数也显著（0.491，p<0.001；-0.139，p<0.05；-0.264，p<0.001），这表明强迫型创新激情与吸收能力的交互项负向影响产学研合作创新绩效，即强迫型创新激情越高，吸收能力与产学研合作创新绩效间的正向关系越弱。因此，H9得到了验证，即强迫型创新激情负向调节吸收能力和产学研合作创新绩效间的关系。

由表5.3可以看出，各模型的F值均显著（p<0.001），模型的R^2和调整后R^2值说明模型的整体效果比较好；容差和VIF的检验结果见附录C表C3数据。由C3表可知，各个模型的VIF值均小于10，且容差均大于0.1，表明多重共线性问题在各变量间不存在；另外，各个模型的Durbin-Watson值均接近2，说明序列相关性问题在各回归模型间不存在。

表 5.3　吸收能力、创新激情与产学研合作创新绩效关系模型检验结果（N=229）

控制变量	因变量					
	模型 1 Perf	模型 12 Perf	模型 13 Perf	模型 14 Perf	模型 15 Perf	模型 16 Perf
Years	0.022	−0.031	−0.028	−0.033	0.004	0.012
Nature	0.046	0.053	0.061	0.054	0.057	0.024
Industry	−0.149**	−0.152**	−0.146**	−0.155**	−0.154**	−0.155**
Size	0.261***	0.200**	0.198**	0.189**	0.180**	0.146**
自变量						
Abs		0.532***	0.478***	0.495***	0.534***	0.491***
Pass−H			0.130**	0.143**		
Pass−F					−0.118**	−0.139**
Pass−H * Abs				0.118**		
Pass−F * Abs						−0.264***
R^2	0.097	0.369	0.383	0.396	0.382	0.447
调整后 R^2	0.080	0.355	0.366	0.377	0.365	0.430
F 值	5.985***	26.043***	22.932***	20.672***	22.842***	25.566***
VIF 最大值	1.460	1.474	1.474	1.481	1.543	1.544
Durbin−Watson 值	1.777	1.639	1.643	1.626	1.680	1.755

注：* 表示 $p<0.1$；** 表示 $p<0.05$；*** 表示 $p<0.001$。

第二节　稳健性检验

前文对组织边界跨越能力、产学研合作创新绩效、创新激情三者间的关系进行了实证分析。为了保证本书结果的稳健性，同时考虑到变量替换法和分组检验法在稳健性检验方面的权威性，本书采用变量替换法和分组检验法分别进行稳健性检验。

第一，参考李春涛（2020）的替换方法，使用变量替换法对样本数据进行稳健性检验。由于产学研合作创新绩效中成果性绩效是可以用具体数字来衡量的，成长性绩效则更关注组织的成长发展，二者只是成果表现形式不同。故本书将产学研合作创新绩效中成果性绩效指标替换为成长性绩效指标，以此来进行稳健性检验。具体回归结果如表 5.4~表 5.6 所示。

表 5.4　网络能力、创新激情与产学研合作创新绩效关系的稳健性检验结果（N＝229）

控制变量	因变量					
	模型 1 Perf	模型 12 Perf	模型 13 Perf	模型 14 Perf	模型 15 Perf	模型 16 Perf
Years	0.009	−0.062	−0.061	−0.059	−0.036	−0.045
Nature	0.052	0.003	0.005	−0.003	0.006	−0.012
Industry	−0.178 **	−0.162 ***	−0.161 ***	−0.161 ***	−0.164 ***	−0.159 ***
Size	0.277 ***	0.144 **	0.145 **	0.139 **	0.130 **	0.124 **
自变量						
Net		0.684 ***	0.673 ***	0.674 ***	0.679 ***	0.627 ***
Pass−H			0.109 **	0.110 **		
Pass−F					−0.116 *=	−0.104 **
Pass−H * Net				0.102 **		
Pass−F * Net						−0.171 ***
R^2	0.111	0.549	0.550	0.555	0.556	0.582
调整后 R^2	0.096	0.539	0.538	0.541	0.544	0.568
F 值	7.027 ***	54.364 ***	45.165 ***	39.434 ***	46.350 ***	43.888 ***
VIF 最大值	1.460	1.501	1.502	1.508	1.549	1.553
Durbin−Watson 值	1.737	1.782	1.775	1.757	1.801	1.827

注：* 表示 $p<0.1$；** 表示 $p<0.05$；*** 表示 $p<0.001$。

由表 5.4 可看出，关于网络能力、创新激情与产学研合作创新绩效间的关系，与之前回归结果相比，各变量与模型系数大小发生了变化，但符号与显著性均未发生改变，与前文结论保持一致。

表 5.5　IT 能力、创新激情与产学研合作创新绩效关系的稳健性检验结果（N = 229）

控制变量	因变量					
	模型 1 Perf	模型 12 Perf	模型 13 Perf	模型 14 Perf	模型 15 Perf	模型 16 Perf
Years	0.009	−0.019	−0.017	−0.015	0.017	0.032
Nature	0.052	0.012	0.027	0.027	0.016	0.007
Industry	−0.178 **	−0.158 **	−0.155 **	−0.161 **	−0.161 **	−0.141 **
Size	0.277 ***	0.141 **	0.149 **	0.144 **	0.121 *	0.114 *
自变量						
IT		0.496 ***	0.430 ***	0.436 ***	0.496 ***	0.477 ***
Pass-H			0.156 **	0.167 **		
Pass-F					−0.120 **	−0.152 **
Pass-H * IT				0.120 *		
Pass-F * IT						−0.255 ***
R^2	0.111	0.336	0.356	0.362	0.350	0.413
调整后 R^2	0.096	0.321	0.339	0.342	0.332	0.394
F 值	7.027 ***	22.599 ***	20.478 ***	17.930 ***	19.903 ***	22.212 ***
VIF 最大值	1.460	1.543	1.546	1.551	1.573	1.574
Durbin-Watson 值	1.737	1.715	1.700	1.704	1.757	1.876

注：* 表示 $p < 0.1$；** 表示 $p < 0.05$；*** 表示 $p < 0.001$。

由表 5.5 可看出，关于 IT 能力、创新激情与产学研合作创新绩效间的关系，与之前回归结果相比，各变量与模型系数大小发生了变化，但符号与显著性均未发生改变，与前文结论保持一致。

表 5.6　吸收能力、创新激情与产学研合作创新绩效关系的稳健性检验结果（N = 229）

控制变量	因变量					
	模型 1 Perf	模型 12 Perf	模型 13 Perf	模型 14 Perf	模型 15 Perf	模型 16 Perf
Years	0.009	−0.043	−0.039	−0.043	−0.003	0.005
Nature	0.052	0.059	0.067	0.061	0.063	0.031

续表

控制变量	因变量					
	模型 1 Perf	模型 12 Perf	模型 13 Perf	模型 14 Perf	模型 15 Perf	模型 16 Perf
Industry	−0.178 **	−0.180 ***	−0.174 **	−0.183 ***	−0.183 ***	−0.184 ***
Size	0.277 ***	0.218 ***	0.216 ***	0.207 ***	0.195 ***	0.161 **
自变量						
Abs		0.516 ***	0.457 ***	0.474 ***	0.519 ***	0.476 ***
Pass−H			0.142 **	0.155 **		
Pass−F					−0.135 **	−0.155 **
Pass−H * Abs				0.114 **		
Pass−F * Abs						−0.264 ***
R^2	0.111	0.368	0.384	0.396	0.385	0.450
调整后 R^2	0.096	0.353	0.368	0.377	0.358	0.433
F 值	7.027 ***	25.927 ***	23.089 ***	20.731 ***	23.122 ***	25.880 ***
VIF 最大值	1.460	1.474	1.474	1.481	1.543	1.544
Durbin−Watson 值	1.737	1.589	1.587	1.568	1.634	1.713

注：* 表示 $p<0.1$；** 表示 $p<0.05$；*** 表示 $p<0.001$。

由表 5.6 可看出，关于吸收能力、创新激情与产学研合作创新绩效间的关系，与之前回归结果相比，各变量与模型系数大小发生了变化，但符号与显著性均未发生改变，与前文结论保持一致。

综上所述，表 5.4~表 5.6 分别对本书结果稳健性进行了检验，检验结果均与前文回归结论保持一致，证明本书结果稳健性良好。

第二，参考 Jiratchayut 和 Bumrungsup（2019）在研究中对于研究结果稳健性检验的做法，使用分组检验法对样本数据进行稳健性检验。本书按照企业性质对样本数据进行了分组，具体分组情况如下：1 组表示企业性质为非私营企业的企业样本，样本数为 86；2 组表示企业性质为私营企业的企业样本，样本数为 143。对于分组样本，按前文所述总样本实证检验过程进行检验，1 组样本数据的结果具体回归结果如表 5.7~表 5.9 所示；2 组样本数据的结果具体回归结果如表 5.11~表 5.13 所示。

表 5.7 网络能力、创新激情与产学研合作创新绩效关系模型检验结果 （1 组，N=86）

控制变量	因变量					
	模型 1 Perf	模型 2 Perf	模型 3 Perf	模型 4 Perf	模型 5 Perf	模型 6 Perf
Years	0.172	−0.001	0.001	0.012	−0.064	−0.079
Industry	−0.102	−0.140 **	−0.139 **	−0.157 **	−0.116 *	−0.130 *
Size	0.011	0.068	0.068	0.051	0.107	0.105
自变量						
Net		0.777 ***	0.781 ***	0.797 ***	0.802 ***	0.750 ***
Pass−H			−0.009	0.025		
Pass−F					−0.147 **	−0.100
Pass−H * Net				0.123 *		
Pass−F * Net						−0.170 **
R^2	0.045	0.628	0.628	0.641	0.647	0.671
调整后 R^2	0.010	0.610	0.605	0.614	0.625	0.646
F 值	1.276	34.181	27.015	23.512	29.320	26.814
VIF 最大值	2.130	2.152	2.175	2.184	2.365	2.373
Durbin−Watson 值	1.773	1.860	1.864	1.857	1.792	1.802

注：* 表示 $p<0.1$；** 表示 $p<0.05$；*** 表示 $p<0.001$。

由表 5.7 可看出，在企业性质为非私营企业的 1 组样本中，关于网络能力、创新激情与产学研合作创新绩效间的关系，与之前回归结果相比，模型 2 中结果显著 （0.777，$p<0.001$），故 H1 得到验证；模型 3 中，和谐型创新激情与产学研合作创新绩效的关系并不显著 （−0.009，$p>0.1$），在模型 4 中，即使网络能力与和谐型创新激情的交互项对产学研合作创新绩效的结果显著 （0.123，$p<0.1$），但在此模型中，和谐型创新激情对产学研合作创新绩效的检验结果却不显著 （0.025，$p>0.1$），故 H4 未得到验证；在模型 5 中，强迫型创新激情对产学研合作创新绩效的影响显著 （−0.147，$p<0.05$），

但在模型 6 中，即使网络能力与强迫型创新激情的交互项对产学研合作创新绩效的结果显著（-0.170，p<0.05），但强迫型创新激情对产学研合作创新绩效的检验结果却不显著（-0.100，p>0.1），故 H7 未得到验证。

表 5.8　IT 能力、创新激情与产学研合作创新绩效关系模型检验结果（1 组，N=86）

控制变量	因变量					
	模型 1 Perf	模型 7 Perf	模型 8 Perf	模型 9 Perf	模型 10 Perf	模型 11 Perf
Years	0.172	0.107	0.090	0.098	0.117	0.101
Industry	−0.102	−0.126	−0.131	−0.139	−0.130	−0.137*
Size	0.011	0.007	0.010	0.006	0.001	0.0001
自变量						
IT		0.603***	0.570***	0.576***	0.604***	0.619***
Pass-H			0.091	0.092		
Pass-F					0.026	0.243**
Pass-H * IT				0.053		
Pass-F * IT						−0.423***
R^2	0.045	0.404	0.410	0.413	0.404	0.535
调整后 R^2	0.010	0.374	0.374	0.368	0.367	0.499
F 值	1.276	13.698	11.136	9.266	10.850	15.132
VIF 最大值	2.130	2.130	2.154	2.177	2.281	2.283
Durbin-Watson 值	1.655	1.955	1.931	1.912	1.962	2.188

注：*表示 p<0.1；**表示 p<0.05；***表示 p<0.001。

由表 5.8 看出，在企业性质为非私营企业的 1 组样本中，关于 IT 能力、创新激情与产学研合作创新绩效间的关系，与之前回归结果相比，模型 7 中结果显著（0.603，p<0.001），故 H2 得到验证；但在模型 8 中，和谐型创新激情与产学研合作创新绩效的关系并不显著（0.091，p>0.1），在模型 9 中，和谐型创新激情对产学研合作创新绩效的检验结果和 IT 能力与和谐型创新激情的交互项对产学研合作创新绩效的结果均不显著（0.092，p>0.1；0.053， p>0.1），故 H5 未得到验证；在模型 10 中，强迫型创新激情对产学研合作创新绩效的影响不显著（0.026，p>0.1），即使在模型 11 中，强迫型创新激情对产学研合作创新绩效的检验结果和 IT 能力与强迫型创新激情的交互项对产学研合作创新绩效的结果均显著（0.243，p<0.05；−0.423，p<0.001），但 H8 仍未得到验证。

表 5.9　吸收能力、创新激情与产学研合作创新绩效关系模型检验结果（1 组，N＝86）

控制变量	因变量					
	模型 1 Perf	模型 12 Perf	模型 13 Perf	模型 14 Perf	模型 15 Perf	模型 16 Perf
Years	0.172	0.009	−0.009	0.004	0.005	−0.005
Industry	−0.102	−0.185**	−0.188**	−0.212**	−0.183**	−0.215**
Size	0.011	−0.020	−0.015	−0.055	−0.018	−0.027
自变量						
Abs		0.615***	0.572***	0.595***	0.615***	0.524***
Pass−H			0.130	0.183*		
Pass−F					−0.010	−0.017
Pass−H * Abs				0.180*		
Pass−F * Abs						−0.300**
R²	0.045	0.383	0.397	0.425	0.383	0.462
调整后 R²	0.010	0.352	0.360	0.381	0.344	0.421
F 值	1.276	12.567	10.555	9.734	9.934	11.305
VIF 最大值	2.130	2.179	2.201	2.206	2.354	2.355
Durbin−Watson 值	1.652	1.871	1.849	1.796	1.866	1.826

注：* 表示 p<0.1；** 表示 p<0.05；*** 表示 p<0.001。

由表 5.9 可看出，在企业性质为非私营企业的 1 组样本中，关于吸收能力、创新激情与产学研合作创新绩效间的关系，与之前回归结果相比，模型 12 中结果显著（0.615，p<0.001），故 H3 得到验证；但模型 13 中和谐型创新激情与产学研合作创新绩效的关系并不显著（0.130，p>0.1），即使模型

14 中和谐型创新激情对产学研合作创新绩效的检验结果和吸收能力与和谐型创新激情的交互项对产学研合作创新绩效的结果均显著（0.183，p<0.1；0.180，p<0.1），但 H6 仍未得到验证；在模型 15 中，强迫型创新激情对产学研合作创新绩效的影响不显著（-0.010，p>0.1），在模型 16 中，即使吸收能力与强迫型创新激情的交互项对产学研合作创新绩效的结果显著（-0.300，p<0.05），但强迫型创新激情对产学研合作创新绩效的检验结果却不显著（-0.017，p>0.1），故 H9 未得到验证。

综上所述，表 5.7～表 5.9 给出了在企业性质为非私营企业的 1 组样本中，对本书结果进行了分组检验的结果，检验结果如表 5.10 所示。

表 5.10 研究结果汇总（1 组，N=86）

	研究假设	结果
H1	网络能力对产学研合作创新绩效具有正向影响作用	成立
H2	IT 能力对产学研合作创新绩效具有正向影响作用	成立
H3	吸收能力对产学研合作创新绩效具有正向影响作用	成立
H4	和谐型创新激情正向调节网络能力与产学研合作创新绩效的关系	不成立
H5	和谐型创新激情正向调节 IT 能力与产学研合作创新绩效的关系	不成立
H6	和谐型创新激情正向调节吸收能力与产学研合作创新绩效的关系	不成立
H7	强迫型创新激情负向调节网络能力与产学研合作创新绩效的关系	不成立
H8	强迫型创新激情负向调节 IT 能力与产学研合作创新绩效的关系	不成立
H9	强迫型创新激情负向调节吸收能力与产学研合作创新绩效的关系	不成立

表 5.11 网络能力、创新激情与产学研合作创新绩效关系模型检验结果（2 组，N=143）

控制变量	因变量					
	模型 1 Perf	模型 2 Perf	模型 3 Perf	模型 4 Perf	模型 5 Perf	模型 6 Perf
Years	0.014	-0.047	-0.047	-0.045	-0.010	-0.006
Industry	-0.159*	-0.128**	-0.128**	-0.126**	-0.116*	-0.110*
Size	0.269**	0.108	0.108	0.107	0.090	0.079

续表

控制变量	因变量					
	模型 1 Perf	模型 2 Perf	模型 3 Perf	模型 4 Perf	模型 5 Perf	模型 6 Perf
自变量						
Net		0.654 ***	0.653 ***	0.651 ***	0.654 ***	0.598 ***
Pass−H			0.001	0.005		
Pass−F					0.163 **	0.170 **
Pass−H * Net				0.030		
Pass−F * Net						−0.166 **
R^2	0.105	0.492	0.492	0.493	0.517	0.541
调整后 R^2	0.085	0.477	0.474	0.471	0.500	0.521
F 值	5.414	33.437	26.556	22.044	29.371	26.753
VIF 最大值	1.285	1.344	1.344	1.344	1.357	1.362
Durbin−Watson 值	1.799	1.841	1.840	1.841	1.913	1.974

注：* 表示 $p<0.1$；** 表示 $p<0.05$；*** 表示 $p<0.001$。

由表 5.11 可看出，在企业性质为私营企业的 2 组样本中，关于网络能力、创新激情与产学研合作创新绩效间的关系，与之前回归结果相比，模型 2 中结果显著（0.654，$p<0.001$），故 H1 得到验证；但模型 3 中和谐型创新激情与产学研合作创新绩效的关系并不显著（0.001，$p>0.1$），在模型 4 中，和谐型创新激情对产学研合作创新绩效的检验结果和网络能力与和谐型创新激情的交互项对产学研合作创新绩效的结果均不显著（0.005，$p<0.1$；0.030，$p<0.1$），故 H4 未得到验证；在模型 5 中，强迫型创新激情对产学研合作创新绩效的影响显著（0.163，$p<0.05$），在模型 6 中，强迫型创新激情对产学研合作创新绩效的检验结果和网络能力与强迫型创新激情的交互项对产学研合作创新绩效的结果均显著（0.170，$p<0.05$；−0.166，$p<0.05$），故 H7 得到验证。

表 5.12　IT 能力、创新激情与产学研合作创新绩效关系模型检验结果（2 组，N = 143）

控制变量	因变量					
	模型 1 Perf	模型 7 Perf	模型 8 Perf	模型 9 Perf	模型 10 Perf	模型 11 Perf
Years	0.014	−0.037	−0.028	−0.022	−0.002	0.029
Industry	−0.159*	−0.135*	−0.126*	−0.131*	−0.124*	−0.111
Size	0.269**	0.149*	0.150*	0.141*	0.133	0.136*
自变量						
IT		0.454***	0.413***	0.416***	0.450***	0.417**
Pass-H			0.117	0.133		
Pass-F					0.151**	−0.144**
Pass-H * IT				0.097		
Pass-F * IT						−0.233**
R^2	0.105	0.287	0.299	0.308	0.309	0.361
调整后 R^2	0.085	0.266	0.274	0.278	0.284	0.333
F 值	5.414	13.896	11.692	10.097	12.245	12.813
VIF 最大值	1.285	1.356	1.356	1.364	1.368	1.375
Durbin-Watson 值	1.685	1.795	1.761	1.778	1.875	2.018

注：*表示 $p < 0.1$；**表示 $p < 0.05$；***表示 $p < 0.001$。

由表 5.12 可看出，在企业性质为私营企业的 2 组样本中，关于 IT 能力、创新激情与产学研合作创新绩效间的关系，与之前回归结果相比，模型 7 中结果显著（0.454，$p < 0.001$），故 H2 得到验证；但模型 8 中和谐型创新激情与产学研合作创新绩效的关系并不显著（0.117，$p > 0.1$），模型 9 中和谐型创新激情对产学研合作创新绩效的检验结果和 IT 能力与和谐型创新激情的交互项对产学研合作创新绩效的结果均不显著（0.133，$p > 0.1$；0.097，$p > 0.1$），故 H5 未得到验证；在模型 10 中，强迫型创新激情对产学研合作创新绩效的影响显著（0.151，$p < 0.05$），在模型 11 中，强迫型创新激情对产学研合作创新绩效的检验结果和 IT 能力与强迫型创新激情的交互项对产学研合作创新绩效的结果均显著（0.417，$p < 0.05$；−0.144，$p < 0.05$），故 H7 得到验证。

表5.13 吸收能力、创新激情与产学研合作创新绩效关系模型检验结果（2组，N=143）

控制变量	因变量					
	模型 1 Perf	模型 12 Perf	模型 13 Perf	模型 14 Perf	模型 15 Perf	模型 16 Perf
Years	0.014	−0.003	0.003	0.008	0.022	0.016
Industry	−0.159 *	−0.142 **	−0.132 **	−0.127 *	−0.135 **	−0.132 **
Size	0.269 **	0.201 **	0.194 **	0.180 **	0.191 **	0.181 **
自变量						
Abs		0.554 ***	0.525 ***	0.530 ***	0.543 ***	0.482 ***
Pass−H			0.118 *	0.120 *		
Pass−F					0.104	0.113
Pass−H * Abs				0.082		
Pass−F * Abs						−0.123
R^2	0.105	0.405	0.418	0.425	0.415	0.426
调整后 R^2	0.085	0.388	0.397	0.399	0.394	0.401
F 值	5.414	23.495	19.674	16.720	19.462	16.840
VIF 最大值	1.285	1.292	1.296	1.326	1.345	1.377
Durbin−Watson 值	1.844	1.821	1.801	1.748	1.834	1.839

注：* 表示 $p<0.1$；** 表示 $p<0.05$；*** 表示 $p<0.001$。

由表5.13可看出，在企业性质为私营企业的2组样本中，关于吸收能力、创新激情与产学研合作创新绩效间的关系，与之前回归结果相比，模型12中结果显著（0.554，$p<0.001$），故H3得到验证；模型13中和谐型创新激情与产学研合作创新绩效的关系显著（0.118，$p<0.1$），模型14中和谐型创新激情的交互项对产学研合作创新绩效的结果不显著（0.082，$p>0.1$），即使和谐型创新激情对产学研合作创新绩效的检验结果显著（0.120，$p<0.1$），但H6仍未得到验证；在模型15中，强迫型创新激情对产学研合作创新绩效的影响不显著（0.104，$p>0.1$），在模型16中，强迫型创新激情对产学研合作创新绩效的检验结果和吸收能力与强迫型创新激情的交互项对产学研合作创新绩效的结果均不显著（0.113，$p>0.1$；−0.123，$p>0.1$），故 H9

未得到验证。

综上所述，表 5.11~表 5.13 给出了在企业性质为私营企业的 2 组样本中，对本书结果稳健性进行了检验的结果，检验结果如表 5.14 所示。

表 5.14　研究结果汇总（2 组，N=143）

	研究假设	结果
H1	网络能力对产学研合作创新绩效具有正向影响作用	成立
H2	IT 能力对产学研合作创新绩效具有正向影响作用	成立
H3	吸收能力对产学研合作创新绩效具有正向影响作用	成立
H4	和谐型创新激情正向调节网络能力与产学研合作创新绩效的关系	不成立
H5	和谐型创新激情正向调节 IT 能力与产学研合作创新绩效的关系	不成立
H6	和谐型创新激情正向调节吸收能力与产学研合作创新绩效的关系	不成立
H7	强迫型创新激情负向调节网络能力与产学研合作创新绩效的关系	成立
H8	强迫型创新激情负向调节 IT 能力与产学研合作创新绩效的关系	成立
H9	强迫型创新激情负向调节吸收能力与产学研合作创新绩效的关系	不成立

第三节　研究结果

依据组织边界跨越能力（网络能力、IT 能力、吸收能力）对产学研合作创新绩效研究框架，本书共提出 9 个假设，并经实证分析对所提假设逐一进行验证，检验结果如表 5.15 所示。

表 5.15　研究结果汇总

编号	研究假设	结果
H1	网络能力对产学研合作创新绩效具有正向影响作用	成立
H2	IT 能力对产学研合作创新绩效具有正向影响作用	成立

续表

编号	研究假设	结果
H3	吸收能力对产学研合作创新绩效具有正向影响作用	成立
H4	和谐型创新激情正向调节网络能力与产学研合作创新绩效的关系	成立
H5	和谐型创新激情正向调节 IT 能力与产学研合作创新绩效的关系	不成立
H6	和谐型创新激情正向调节吸收能力与产学研合作创新绩效的关系	成立
H7	强迫型创新激情负向调节网络能力与产学研合作创新绩效的关系	成立
H8	强迫型创新激情负向调节 IT 能力与产学研合作创新绩效的关系	不成立
H9	强迫型创新激情负向调节吸收能力与产学研合作创新绩效的关系	成立

本书通过以上 9 条假设，验证了组织边界跨越能力、产学研合作创新绩效、创新激情三者间的关系，实证检验结果基本符合本书的理论预期。

第一，实证结果表明组织边界跨越能力有助于提升产学研合作创新绩效，其三个维度（网络能力、IT 能力、吸收能力）均对产学研合作创新绩效影响显著（0.695，p<0.001；0.514，p<0.001；0.532，p<0.001），显著性依次为：网络能力、吸收能力、IT 能力。对于组织边界跨越能力三个维度对于产学研合作创新绩效提升显著性的排名情况，可能的解释是：①在开放创新背景下，创新主体间的竞争关系已转向竞合共赢，为适应这一转变，各创新主体需要积极嵌入创新网络。结合结构嵌入性理论和关系嵌入性理论的研究可知，创新主体在网络中所嵌入的位置和关系对于创新绩效的提升有显著影响。因网络能力以跨越边界构建属于自己的关系网络，整合网络中对自身有用的知识及能力等资源，以提升自身的创新能力为核心内容，故网络能力对于产学研合作创新绩效提升最重要。②产学研合作创新绩效的提升还依赖于创新资源的流动、获取、吸收和整合。吸收能力的提高会降低非冗余创新资源的吸收整合成本，使得创新主体在利用其关系嵌入优势深入挖掘外部显、隐性资源后，快速锁定价值性创新资源，并推动非冗余的核心创新资源在产学研合作网络内有效流动、融合和吸收。故吸收能力成为对产学研合作创新绩效的影响仅次于网络能力的组织边界跨越能力。③随着信息技术的不断发展，

IT 能力对创新绩效的提升作用逐渐显著，IT 能力能够通过提高创新主体外部搜索效率和内部整合效率来不断优化其创新效果，故会对产学研合作创新绩效的提升产生显著正向作用。但 IT 能力作为创新活动的辅助性功能，对产学研合作创新绩效的提升作用较网络能力和吸收能力来说相对较弱。

第二，创新激情的两个维度（和谐型创新激情、强迫型创新激情）能够不同程度地调节组织边界跨越能力对产学研合作创新绩效的影响。其中，和谐型创新激情分别在网络能力与产学研合作创新绩效间、吸收能力与产学研合作创新绩效间发挥正向调节作用（0.132，p<0.05；C.118，p<0.05），结果一致表明和谐型创新激情能够促进适应性的认知过程，从而带来适应性结果；而强迫型创新激情分别在网络能力与产学研合作创新绩效间、吸收能力与产学研合作创新绩效间发挥负向调节作用（−0.177，p<0.001；−0.264，p<0.001），结果一致表明强迫型创新激情不会促进适应性的认知过程，或促进程度较和谐型创新激情要小很多，从而带来非适应性结果。

第三，和谐型创新激情和强迫型创新激情均不会对企业 IT 能力与产学研合作创新绩效的关系产生调节作用。对于这一结论，可能的解释是：在 IT 能力的核心内涵中，IT 基础设施建设是其首要内容，但本书的样本数据中 IT 能力表示的是样本收集这一时间节点上的 IT 能力，不能反映出由 IT 基础设施建设带来的 IT 能力的提升，故其对企业 IT 能力与产学研合作创新绩效关系的调节作用并不显著。

第四，在按企业性质对样本进行分组检验时得到新结论：在企业性质为非私营企业的 1 组样本中，三种组织边界跨越能力对产学研合作创新绩效均具有正向影响作用，但创新激情对组织边界跨越能力与产学研合作创新绩效间关系的调节作用并不明显；在企业性质为私营企业的 2 组样本中，三种组织边界跨越能力对产学研合作创新绩效均具有正向影响作用，强迫型创新激情负向调节网络能力、IT 能力与产学研合作创新绩效的关系，而其他调节作用并不明显。

第六章　结论与展望

第一节　研究结论

本书尝试从创新激情视角分析组织边界跨越能力对产学研合作创新绩效的影响，在分析相关理论的基础上提出研究假设，对组织边界跨越能力对产学研合作创新绩效的作用机理进行分析。最终利用 229 份有效问卷样本数据，对所提假设进行了验证。本书共提出 9 个假设，其中 7 个通过实证检验。研究得出如下结论：

一、组织边界跨越能力对产学研合作创新绩效有正向影响作用

回归结果显示组织边界跨越能力与产学研合作创新绩效间存在显著的正向关系，且组织边界跨越能力的三个维度（网络能力、IT 能力、吸收能力）均对产学研合作创新绩效产生显著正向影响，H1、H2、H3 得到验证，这充分肯定了组织边界跨越能力对产学研合作创新绩效的重要性。

实证研究结果表明，组织边界跨越能力各维度（网络能力、IT 能力、吸收能力）对产学研合作创新绩效的正向作用显著，且显著性依次为：网络能力、吸收能力、IT 能力。这表明，组织边界跨越能力将有助于促进产学研合

作创新绩效的提升，且网络能力对产学研合作创新绩效的正向影响最为显著。一方面，企业具备良好的外部关系网络，有助于获取长期可持续竞争优势，这种竞争优势会促进合作绩效的提升。另一方面，企业尤其是新创企业必须具备良好的外部关系网，通过对其进行维护以激活网络中的各种资源并加以利用，同网络中各方开展相关合作，进行创新活动，这种能力就是网络能力。由此可见，网络能力对企业进行产学研合作的重要性。

二、创新激情能够不同程度调节组织边界跨越能力与产学研合作创新绩效间关系

回归分析验证了创新激情两个维度（和谐型创新激情与强迫型创新激情）的调节效应，结果发现：和谐型创新激情在网络能力/吸收能力与产学研合作创新绩效间发挥显著正向调节效应，H4、H6 得到验证，而在 IT 能力与产学研合作创新绩效间不存在调节效应，H5 未得到验证；强迫型创新激情在网络能力/吸收能力与产学研合作创新绩效间发挥显著负向调节效应，H7、H9 得到验证，而 IT 能力与产学研合作创新绩效间不存在调节效应，H8 未得到验证。本书把创新激情划分为和谐型创新激情与强迫型创新激情，和谐型创新激情通过自主内化使组织产生一种动机，这种动机会强化其网络能力/吸收能力对产学研合作创新绩效的正向影响作用；而强迫型创新激情是控制性内化创新激情，会使组织感到无法控制自己而不得已参与到创新活动中。这种被迫参与创新活动容易使组织产生压力。故而强迫型创新激情在网络能力/吸收能力与产学研合作创新绩效间会产生负向调节作用。由于创新激情属于相对较新颖的话题，关于这一研究结果，暂未找到相关研究结论。

针对和谐型创新激情与强迫型创新激情均未在 IT 能力与产学研合作创新绩效间发挥调节作用这一实证结果，可能的解释是：本书中 IT 能力指标的构建考虑了 IT 基础设施能力和 IT 人力资源能力，对于 IT 基础设施能力，大部

分企业在建立之初就对其进行了一定程度的投入，且定期更换的频率不高，只有在原有 IT 硬件出现故障、企业规模扩大、业务量增多的情况下才会对其进行更换。外界动机等因素对 IT 基础设施能力影响程度极低，故而和谐型创新激情及强迫型创新激情在 IT 能力与产学研合作间并未发挥调节作用。

第二节　研究启示

一、理论贡献

本书主要探讨了组织边界跨越能力、产学研合作创新绩效、创新激情三者间的关系，主要有以下理论贡献：

第一，本书通过梳理组织边界跨越能力的相关文献，对组织边界跨越能力的内涵进行了界定，并对其进行了科学的维度划分，这有助于推动组织边界跨越能力的相关理论构建。已有文献仅从边界跨越者（Kodama，2007；Viswanathan et al.，2011；吴悦等，2012）、边界跨越载体（Jonsson，2009；郭瑞杰，2011；欧阳桃花等，2012）和边界跨越动力（屠兴勇，2012；Escribano et al.，2009；李贞和杨洪涛，2012）视角对组织边界跨越能力进行了研究。本书在此基础上，借鉴魏小林（2015）和刘鹏程等（2016）的观点，认为组织边界具有多样性，因而所需的组织边界跨越能力也应是多种能力的综合，最终将组织边界跨越能力划分为三个维度：网络能力、IT 能力、吸收能力。本书进一步明确了组织边界跨越能力的内涵，对组织边界跨越能力相关理论的构建具有明显的推进作用。

第二，本书引入创新激情这一调节变量，通过对创新激情调节效应的探讨，拓展了产学研合作创新绩效前置变量的研究。已有文献对于创新激情这一新颖变量的讨论大多停留在对其前因变量——人岗匹配与资源赋能（Therasa，2016；蒋昀洁等，2017；杨皎平等，2021）、创新氛围（段锦云等，2014；Santos 和 Cardon，2019；Owens et al.，2019）、自主支持与身份认同（Cardon et al.，2017；Gagné 和 Deci，2005；魏昕等，2018）等和结果变量——创新意愿（Madjar et al.，2002；崔楠等，2013；方卓等，2016）、创新行为（陈权等，2013；赵斌等，2016；Liu et al.，2011；Ho et al.，2011）、创新绩效（黄庆等，2019）等的研究上，对其作为调节变量产生作用的研究还比较少。本书将创新激情作为调节变量，深入探究其在组织边界跨越能力与产学研合作创新绩效关系之间发挥的调节作用，这不仅有效拓展了创新激情变量的研究范畴，也为揭示组织边界跨越能力对产学研合作创新绩效的影响机制提供了新的研究视角。

第三，本书实证检验了组织边界跨越能力与产学研合作创新绩效的关系，并得出了新结论，进一步丰富了产学研合作的相关研究，推进了组织边界跨越能力对产学研合作创新绩效的作用机制研究。在产学研合作创新绩效相关研究中，已有文献仅从项目角度（胡恩华和郭秀丽，2002；郭斌等，2003[①]）、企业角度（张米尔和武春友，2004；唐乐和段异兵，2006；刘小真等，2010）以及项目与企业相结合的角度（谢志宇，2004；付俊超，2013）对其前因变量进行了探讨，而没能将组织边界跨越能力与产学研合作创新绩效相结合，研究两者之间的内在联系。本书在上述研究的基础之上，引入组织边界跨越能力，深入剖析其对产学研合作创新绩效的直接作用机制。最终结果显示，组织边界跨越能力的三个维度——网络能力、IT 能力、吸收能力对产学研合作创新绩效均产生了显著的正向影响作用。此外，本书还得出了新的研究结论，即组织边界跨越能力对各维度对产学研合作创新绩效影响从大到小依次为：网络能力、吸收能力、IT 能力。这一结论深度揭示了组织边

---

① 郭斌，谢志宇，吴惠芳. 产学研合作绩效的影响因素及其实证分析 [J]. 科学学研究，2003，21（1）：140-147.

界跨越能力对产学研合作创新绩效的作用机制，进一步丰富了产学研合作创新绩效领域的研究成果。

二、实践启示

产学研合作成为企业增强创新能力的重要途径，同时能够有效促进科技与经济相结合。而组织边界跨越能力作为企业的一种重要能力，能够促进企业与外界建立联系和互动，有助于企业之间的知识转移和技术交流，对产学研合作起着至关重要的作用。本书以创新激情为切入点，深入探讨了组织边界跨越能力与产学研合作创新绩效间的关系。不仅丰富了组织边界跨越领域相关研究，而且对企业制定提升产学研合作创新绩效措施有一定启示。

第一，做好企业网络资源构建机制，提升企业网络能力。网络能力被很多企业当成一种战略能力，将推动企业更好的把控有助于自身发展的网络发展朝向。当今网络环境日益复杂多变，拥有较强的网络能力可以使企业获取对自身有益的关键性资源，这种关键资源有利于企业进行产学研合作创新。本书结果表明，网络能力对产学研合作创新绩效产生正向影响。因此，企业要注重构建网络资源，改善企业在网络中的位置，同网络中各方形成良好的互动与合作关系，以促进网络内知识、技术及资源的有效流动，利用网络资源提升自身竞争力。

第二，做好企业 IT 资源改善机制，提升企业 IT 能力。本书研究结果表明，IT 能力能够显著提升产学研合作创新绩效。这充分肯定了企业 IT 能力的重要性。IT 能力通过对组织内部资源的有效整合，显著提升组织的运行效率和竞争优势，进而对组织产学研合作创新绩效产生影响。具备较强 IT 能力的企业参与产学研合作，必然将 IT 能力带入其中，并通过组织学习把属于不同产学研合作对象的 IT 资源及人力资源进行整合，从而加强产学研合作创新绩效。故而企业要加强对 IT 资源的配置，如加大对 IT 基础设施、人力资源以及无形资产的投入，注重企业 IT 能力的培养，整合公司内外部资源，支持和改进自身业务、提升效率，进而获得较好的产学研合作创新绩效。

第三，做好企业外部知识消化机制，提升企业吸收能力。知识经济时代的到来，使得企业创新越发依赖产学研合作以获取外部知识资源。企业如何将获取到的外部知识和资源转化为内部创新，取决于企业的吸收能力。具有良好吸收能力的企业，能够及时将从外部获取的知识加以转化和应用，有利于企业研发活动的开展，进而对企业创新能力的提升起到关键作用。本书研究结果表明，吸收能力对产学研合作创新绩效具有良好的促进作用。为此，企业应努力做好吸收能力的培养与提升，构建相关知识管理体系，定期组织跨部门的外部知识与信息共享活动，以培养和提高员工对知识的吸收能力，为产学研合作的开展提供一定的帮助。考虑到产学研合作的特点，对企业而言，高校及科研院所只是知识的提供方，为了对这些知识进行高效整合，需适度扩大研发人员规模，提高企业在产学研合作中的人数比例，促进企业吸收能力的提升，进而促进产学研合作创新绩效的提高。

第四，做好企业创新激情激发及调节机制，提升创新激情能动作用。创新激情是创新研究领域中的新面孔，拥有和谐型创新激情的组织会产生持久、有益的工作动机和创新行为，并伴随积极、持续、有意义的工作状态及体验；而拥有强迫型创新激情的组织会不自觉感受到来自组织及外界的压力，易带来非适应性行为及绩效。本书结果表明，和谐型创新激情能够正向调节网络能力/吸收能力与产学研合作创新激情间关系，强迫型创新激情能够负向调节网络能力/吸收能力与产学研合作创新激情间关系，因此企业要积极识别自身的创新激情类型，做好和谐型创新激情的激发机制，对于强迫型创新激情，应通过有效的心理调节促使其向和谐型创新激情转变。

第三节　研究局限与展望

本书目前还存在以下不足：

第一，为避免不同区域比较研究的复杂性及样本收集方面的难度，本书最终选择了在云南省区域内收集的 229 份有效样本及数据资料作为假设验证的依据，但样本来源和范围不够全面。如果选择其他地区样本进行假设验证，可能与本书的研究结论不同。后续研究可从以下方面加以改进：一是对不同地区及不同行业分别展开研究，可以从一定程度上提高本书结论的适用性；二是完善调研方式，可采取问卷调查和定期走访相结合的方式，以获取更深层次数据，进一步考察本书结论的适用性。

第二，本书主要通过问卷调查的方式收集数据，获得的仅仅是企业的静态样本数据，并未针对企业发展过程进行动态追踪。后续研究可基于扎根理论，对典型企业资料进行纵向追踪，以深入探讨组织边界跨越能力对产学研合作创新绩效的动态作用机制。

附　录

附录 A　预测试调查问卷

尊敬的女士/先生：

　　您好！希望能获得您对本书项目的支持，以帮助敝人顺利完成硕士学位论文。本次调查旨在了解企业创新方面的相关现状。烦请您翔实填写问卷，任何题项均不存在正确或错误答案。对于您的信息，我们将进行严格保密。

　　本问卷所收集的数据仅用于学术研究，绝无他用，请您放心。

　　再次感谢您的配合！

调查组：云南财经大学

于东平教授研究团队

一、您对表中贵公司能力方面观点的认同程度（请打"√"选择）

IT 能力	1 完全不同意	2 比较不同意	3 基本不同意	4 一般	5 基本同意	6 比较同意	7 完全同意
贵公司在建立 IT 硬件上投入了一定的预算							
贵公司在采购和开发 IT 软件方面投入了一定的预算							
贵公司在管理中能够使用 IT 应用程序							
贵公司在新旧 IT 系统之间建立起了桥梁							
当新的技术可以使用时，贵公司能够意识到应用它的机会							
信息技术提高了贵公司与供应商谈判的能力							
信息技术帮助贵公司监控市场份额的变化							
网络能力	1 完全不同意	2 比较不同意	3 基本不同意	4 一般	5 基本同意	6 比较同意	7 完全同意
贵公司有预测网络发展和演化方向的能力							
贵公司善于分析自身发展战略与网络资源的匹配程度							
贵公司能够判断不同网络成员关系的发展潜力与价值							
贵公司较清楚以何种策略与潜在合作伙伴建立关系							
贵公司具有发现、评估和选择合作伙伴的能力							
贵公司经常与合作伙伴互相交流思想							
贵公司与合作方形成了良好、稳定的合作关系							
贵公司能够妥善处理合作中的冲突和分歧问题							

吸收能力	1 完全不同意	2 比较不同意	3 基本不同意	4 一般	5 基本同意	6 比较同意	7 完全同意
贵公司经常和其他企业或机构进行交流，以获得新知识							
贵公司经常通过非正式的方式收集信息							
贵公司能够认识到市场的变化							
贵公司能够将获取到的新知识进行记录，为将来使用做准备							
贵公司能够将获取到的新知识与企业原有知识进行整合							
贵公司能够从新知识中获取有利于企业发展的机会							
贵公司经常考虑如何更好地利用知识							
贵公司能够将已消化的新知识用于技术创新和改善企业管理							

二、您对表中关于贵公司创新方面观点的认同程度（请打"√"选择）

创新激情	1 完全不同意	2 比较不同意	3 基本不同意	4 一般	5 基本同意	6 比较同意	7 完全同意
贵公司比较喜欢创新活动							
创新活动带给贵公司各种各样的体验							
贵公司喜欢尝试新方法、发现新事物							
贵公司投入一定时间和精力进行创新活动							
贵公司的优势在创新活动中基本得到体现							
尽管创新对贵公司是一种激情，但贵公司仍能控制得当							
创新活动让贵公司有了许多值得回忆的经历							

续表

创新激情	1 完全 不同意	2 比较 不同意	3 基本 不同意	4 一般	5 基本 同意	6 比较 同意	7 完全 同意
贵公司创新的欲望非常强烈，完全无法从创新活动中自拔							
贵公司完全离不开创新活动							
贵公司很难想象没有创新活动会是什么样子							
贵公司对创新活动有一种近乎痴迷的感觉							
贵公司很难控制自己不去进行创新活动							
贵公司有一种完全被创新活动控制的感觉							
贵公司能否做好创新活动决定了贵公司状况的好坏							

三、您对表中贵公司绩效方面观点的认同程度（请打"√"选择）

合作绩效	1 完全 不同意	2 比较 不同意	3 基本 不同意	4 一般	5 基本 同意	6 比较 同意	7 完全 同意
贵公司近几年通过产学研合作研发的新产品数量越来越多							
贵公司近几年通过产学研合作研发的专利数量越来越多							
贵公司近几年通过产学研合作，发表的论文数量越来越多							
贵公司近几年专利成果转让收入越来越多							
贵公司近几年通过产学研合作产生的新产品占主营业务比重越来越大							
贵公司近几年研发能力不断提高							
贵公司近几年参与产学研合作数量越来越多							

合作绩效	1 完全 不同意	2 比较 不同意	3 基本 不同意	4 一般	5 基本 同意	6 比较 同意	7 完全 同意
贵公司近几年技术水平得到提升							
合作方对贵公司以往合作项目较满意							
贵公司近几年与合作方关系较稳定							

四、基本信息（请打"√"选择）

1. 贵公司成立年限

□3 年以下　　□3~10 年　　□10 年以上

2. 贵公司性质

□国有企业　　□私营企业　　□其他

3. 贵公司所属行业

□电子/通信设备　　□生物医药　　□新能源行业

□软件/IT 服务业　　□电气/机械制造　　□其他行业

4. 贵公司员工人数

□低于 500 人　　□501~1000 人　　□1000 人以上

5. 贵公司是否设有独立的研发部门？

□是　　□否

6. 贵公司研发人员数量

□10 人及以下　　□11~30 人　　□30 人以上

7. 贵公司开展产学研合作的持续时间？

□1 年　　□1~3 年　　□3 年以上

附录 B　正式调查问卷

尊敬的女士/先生：

您好！希望能获得您对本书项目的支持，以帮助敝人顺利完成硕士学位论文。本次调查旨在了解企业创新方面的相关现状。烦请您翔实填写问卷，任何题项均不存在正确或错误答案。对于您的信息，我们将进行严格保密。

本问卷所收集的数据仅用于学术研究，绝无他用，请您放心。

再次感谢您的配合！

调查组：云南财经大学

于东平教授研究团队

一、您对表中贵公司能力方面观点的认同程度（请打 "√" 选择）

IT 能力	1 完全不同意	2 比较不同意	3 基本不同意	4 一般	5 基本同意	6 比较同意	7 完全同意
贵公司在建立 IT 硬件上投入了一定的预算							
贵公司在采购和开发 IT 软件方面投入了一定的预算							
贵公司在管理中能够使用 IT 应用程序							
贵公司在新旧 IT 系统之间建立起了桥梁							
当新的技术可以使用时，贵公司能够意识到应用它的机会							
信息技术提高了贵公司与供应商谈判的能力							

网络能力	1完全 不同意	2比较 不同意	3基本 不同意	4一般	5基本 同意	6比较 司意	7完全 同意
贵公司有预测网络发展和演化方向的能力							
贵公司善于分析自身发展战略与网络资源 的匹配程度							
贵公司能够判断不同网络成员关系的发展 潜力与价值							
贵公司较清楚以何种策略与潜在合作伙伴 建立关系							
贵公司具有发现、评估和选择合作伙伴的 能力							
贵公司与合作方形成了良好、稳定的合作 关系							
吸收能力	1完全 不同意	2比较 不同意	3基本 不同意	4一般	5基本 同意	6比较 同意	7完全 同意
贵公司经常和其他企业或机构进行交流， 以获得新知识							
贵公司经常通过非正式的方式搜集信息							
贵公司能够认识到市场的变化							
贵公司能够将获取到的新知识进行记录， 为将来做准备							
贵公司能够将获取到的新知识与企业原有 知识进行整合							
贵公司经常考虑如何更好地利用知识							
贵公司能够将已消化的新知识用于技术创 新和改善企业管理							

二、您对表中关于贵公司创新方面观点的认同程度（请打"✓"选择）

创新激情	1 完全不同意	2 比较不同意	3 基本不同意	4 一般	5 基本同意	6 比较同意	7 完全同意
贵公司比较喜欢创新活动							
创新活动带给贵公司各种各样的体验							
贵公司喜欢尝试新方法、发现新事物							
贵公司投入一定时间和精力进行创新活动							
贵公司的优势在创新活动中基本得到体现							
尽管创新对贵公司是一种激情，但贵公司仍能控制得当							
贵公司创新的欲望非常强烈，以致完全无法从创新活动中自拔							
贵公司完全离不开创新活动							
贵公司很难想象没有创新活动会是什么样子							
贵公司对创新活动有一种近乎痴迷的感觉							
贵公司很难控制自己不去进行创新活动							
贵公司有一种完全被创新活动控制的感觉							

三、您对表中贵公司绩效方面观点的认同程度（请打"✓"选择）

合作绩效	1 完全不同意	2 比较不同意	3 基本不同意	4 一般	5 基本同意	6 比较同意	7 完全同意
贵公司近几年通过产学研合作研发的新产品数量越来越多							
贵公司近几年通过产学研合作研发的专利数量越来越多							

合作绩效	1 完全不同意	2 比较不同意	3 基本不同意	4 一般	5 基本同意	6 比较同意	7 完全同意
贵公司近几年专利成果转让收入越来越多							
贵公司近几年通过产学研合作产生的新产品占主营业务比重越来越大							
贵公司近几年研发能力不断提高							
贵公司近几年技术水平得到提升							
合作方对贵公司以往合作项目较满意							
贵公司近几年与合作方关系较稳定							

四、基本信息（请打"√"选择）

1. 贵公司成立年限

□3 年以下　　□3~10 年　　□10 年以

2. 贵公司性质

□国有企业　　□私营企业　　□其他

3. 贵公司所属行业

□电子/通信设备　　□生物医药/化工　　□新能源

□软件/IT 服务业　　□电气/机械制造　　□其他行业

4. 贵公司员工人数

□低于 500 人　　□501~1000 人　　□1000 人以上

5. 贵公司是否设有独立的研发部门？

□是　　□否

6. 贵公司研发人员数量

□10 人及以下　　□11~30 人　　□30 人以上

7. 贵公司开展产学研合作的持续时间？

□3 年以下　　□3~5 年　　□5 年以上

8. 贵公司近三年平均研发强度（研发支出占销售收入的比重）

□小于 3%　　□3%~10%　　□10%以上

附录 C　多重共线性与自相关性检验

表 C1　网络能力、创新激情与产学研合作创新绩效的多重共线性与自相关性检验

变量	S_1 容差	S_1 VIF	S_2 容差	S_2 VIF	S_3 容差	S_3 VIF	S_4 容差	S_4 VIF	S_5 容差	S_5 VIF	S_6 容差	S_6 VIF
Years	0.695	1.438	0.690	1.450	0.689	1.451	0.689	1.452	0.646	1.549	0.644	1.553
Nature	0.835	1.198	0.831	1.203	0.823	1.215	0.815	1.227	0.830	1.205	0.821	1.218
Industry	0.912	1.097	0.911	1.097	0.910	1.098	0.910	1.098	0.911	1.098	0.910	1.099
Size	0.685	1.460	0.666	1.501	0.666	1.502	0.663	1.508	0.654	1.528	0.654	1.530
Net			0.937	1.067	0.736	1.358	0.736	1.358	0.934	1.070	0.849	1.177
Pass-H					0.774	1.292	0.756	1.323				
Pass-F									0.934	1.070	0.922	1.085
Pass-H * Net							0.957	1.045				
Pass-F * Net											0.871	1.148
Durbin-Waston	1.777		1.795		1.792		1.777		1.810		1.827	

表 C2　IT 能力、创新激情与产学研创新绩效的多重共线性与自相关性检验

变量	S_1 容差	S_1 VIF	S_7 容差	S_7 VIF	S_8 容差	S_8 VIF	S_9 容差	S_9 VIF	S_{10} 容差	S_{10} VIF	S_{11} 容差	S_{11} VIF
Years	0.695	1.438	0.694	1.442	0.694	1.442	0.693	1.443	0.650	1.538	0.649	1.541
Nature	0.835	1.198	0.830	1.205	0.822	1.217	0.822	1.217	0.829	1.206	0.828	1.208
Industry	0.912	1.097	0.910	1.098	0.910	1.099	0.904	1.107	0.910	1.099	0.905	1.105
Size	0.685	1.460	0.648	1.543	0.647	1.546	0.645	1.551	0.636	1.573	0.635	1.574
IT			0.912	1.096	0.760	1.316	0.756	1.323	0.912	1.096	0.907	1.102
Pass−H					0.820	1.220	0.806	1.241				
Pass−F									0.937	1.067	0.923	1.083
Pass−H * IT							0.957	1.045				
Pass−F * IT											0.972	1.029
Durbin−Waston	1.777		1.743		1.738		1.741		1.780		1.902	

表 C3　吸收能力、创新激情与产学研合作创新绩效的多重共线性与自相关性检验

变量	S_1 容差	S_1 VIF	S_{12} 容差	S_{12} VIF	S_{13} 容差	S_{13} VIF	S_{14} 容差	S_{14} VIF	S_{15} 容差	S_{15} VIF	S_{16} 容差	S_{16} VIF
Years	0.695	1.438	0.690	1.449	0.690	1.450	0.689	1.452	0.648	1.543	0.648	1.544
Nature	0.835	1.198	0.835	1.198	0.832	1.202	0.830	1.205	0.834	1.199	0.823	1.216
Industry	0.912	1.097	0.912	1.097	0.910	1.099	0.905	1.104	0.911	1.097	0.911	1.097
Size	0.685	1.460	0.678	1.474	0.678	1.474	0.675	1.481	0.664	1.506	0.656	1.524
Abs			0.963	1.038	0.805	1.243	0.790	1.265	0.962	1.039	0.937	1.067
Pass-H					0.823	1.215	0.814	1.228				
Pass-F									0.936	1.068	0.931	1.075
Pass-H * Abs							0.941	1.063				
Pass-F * Abs											0.944	1.060
Durbin-Waston	1.777		1.639		1.643		1.626		1.680		1.755	

参考文献

［1］阿热孜古力·吾布力，杨建君，吕冲冲．关系学习、知识探索与产品创新性——潜在和实际吸收能力的调节作用［J］．科技管理研究，2022，42（5）：170-178．

［2］阿什肯纳斯，尤里奇，吉克等．无边界组织［M］．姜文波，等译．北京：机械工业出版社，2005．

［3］艾志红．知识距离、吸收能力对产学研合作绩效的影响研究［J］．工业技术经济，2017（7）：121-127．

［4］曹红军，卢长宝，王以华．资源异质性如何影响企业绩效：资源管理能力调节效应的检验和分析［J］．南开管理评论，2011（4）．

［5］曹平，肖生鹏，林常青．产品关联密度、吸收能力与中国企业创新［J］．技术经济，2022，41（1）：12-23．

［6］曾明彬，李玲娟．产学研技术转移推进的错位现象研究——基于技术转移方和接收方双边视角的分析［J］．管理评论，2019（11）：108-114．

［7］常亮．产学研协同创新下的知识溢出效应与科技创新政策［J］．中国高校科技，2018（9）：78-79．

［8］初玉霞．任务特点、认知风格对情绪与创造表现关系的影响［D］．济南：山东师范大学，2011．

［9］车维汉，张琳．上海市产学研合作效率评价：基于分行业数据的DEA分析［J］．科技进步与对策，2010，27（3）：20-25．

［10］陈光华，梁嘉明，杨国梁．企业吸收能力、政府研发资助与外部知识获取对产学研创新绩效的影响研究［J］．中国科技论坛，2014，36（7）：68-74．

［11］陈光华，王烁，杨国梁．地理距离阻碍跨区域产学研合作绩效了吗？［J］．科学学研究，2015，33（1）：76-82．

［12］陈劲，梁靓，吴航．开放式创新背景下产业集聚与创新绩效关系研究——以中国高技术产业为例［J］．科学学研究，2013（4）．

［13］陈权，施国洪．情绪智力对创新型团队绩效的影响研究［J］．科学管理研究，2013，31（5）：71-75．

［14］陈收，施秀搏，吴世园．互补资源与创新资源协同对企业绩效的影响——环境动态性的调节作用［J］．管理评论，2015，33（1）：61-67．

［15］陈学光，徐金发．网络组织及其惯例的形成［J］．中国工业经济，2006，29（4）：52-58．

［16］迟嘉昱，孙翎，童燕军．企业内外部 IT 能力对绩效的影响机制研究［J］．管理学报，2012，9（1）：108-114．

［17］迟嘉昱，孙翎，徐晟皓．基于 PLS 的构成型 IT 能力量表设计与检验［J］．中大管理研究，2013，8（1）：31-49．

［18］崔蓓，王玉霞．供应网络联系强度与风险分担：依赖不对称的调节作用［J］．管理世界，2017，35（4）：106-118．

［19］崔敏，魏修建．吸收能力与技术结构双重机制下服务业国际溢出效应研究［J］．数量经济技术经济研究，2016（2）．

［20］崔楠，江彦若．商业模式设计与战略导向匹配性对业务绩效的影响［J］．商业经济与管理，2013（12）：45-53．

［21］崔瑜，焦豪，张样．基于 IT 能力的学习导向战略对绩效的作用机理研究［J］．科研管理，2013，34（7）：93-100．

［22］戴勇，胡明浦．产学研伙伴异质性对合作创新绩效的影响研究：基

于组织学习视角［J］．高教探索，2016，26（1）：5-10．

［23］党兴华，查博．知识权力对技术创新网络治理绩效的影响研究［J］．管理学报，2011，8（8）：1183-1189．

［24］邓春平，刘小娟，毛基业．挑战与阻断性压力源对边界跨越结果的影响——IT员工压力学习的有调节中介效应［J］．管理评论，2018，30（7）：148-161．

［25］邓颖翔，朱桂龙．产学研合作绩效的测量研究［J］．科技管理研究，2009，29（11）：468-470．

［26］丁潇君，李婉宁，徐磊．IT能力与企业创新绩效关系研究——双元学习的调节作用［J］．科技进步与对策，2020，37（10）：90-98．

［27］丁秀好，武素明．IT能力对开放式创新绩效的影响：知识整合能力的中介效应［J］．管理评论，2020，32（10）：147-157．

［28］杜俊枢，彭纪生，涂海银．开放式情境下创新搜索、网络能力与创新绩效关系研究——来自江沪地区制造企业的问卷调查［J］．科技进步与对策，2018，35（18）：98-104．

［29］杜荣，冯俊嵩，厉敏．边界跨越对IT外包绩效影响的实证分析［J］．中国管理科学，2012，20（4）：177-184．

［30］段锦云，梁凤华，曹莹．自我调节理论的产生背景、理论内容及其应用［J］．景德镇学院学报．2017（5）：67-75．

［31］段锦云，王娟娟，朱月龙．组织氛围研究：概念测量、理论基础及评价展望［J］．心理科学进展，2014，22（12）：1964-1974．

［32］樊霞，赵丹萍，何悦．企业产学研合作的创新效率及其影响因素研究［J］．科研管理，2012，33（2）：33-39．

［33］方阳春，贾丹，陈超颖．包容型人才开发模式对创新激情和行为的影响研究［J］．科研管理，2017，38（9）：142-149．

［34］方卓，张秀娥．创业激情有助于提升大学生创业意愿吗？——基于

六省大学生问卷调查的研究［J］．外国经济与管理，2016，38（7）：41-56．

［35］冯立杰，朱磊，王金凤，余良如．基于 Meta 分析的吸收能力对企业创新影响问题［J］．系统管理学报，2021，30（4）：752-762．

［36］冯庆斌．基于群落生态学的产学研合作创新研究［D］．哈尔滨：哈尔滨工程大学，2006．

［37］付俊超．产学研合作运行机制与绩效评价研究［D］．北京：中国地质大学，2013．

［38］郭斌，谢志宇，吴惠芳．产学研合作绩效的影响因素及其实证分析［J］．科学学研究，2003，21（1）：140-147．

［39］郭强．调查实战指南——问卷设计手册［M］．北京：中国现代经济出版社，2004．

［40］郭瑞杰．海尔信息化中的边界跨越研究［J］．财经界，2011，29（6）：74．

［41］胡恩华，郭秀丽．我国产学研合作创新中存在的问题及对策研究［J］．科学管理研究，2002，22（1）：69-72．

［42］胡海青，张宝建，张道宏．网络能力、网络位置与创业绩效［J］．管理工程学报，2011，25（4）：67-74．

［43］黄菁菁．产学研协同创新效率及其影响因素研究［J］．软科学，2017（5）：38-42．

［44］黄庆，张梓暖，蒋春燕．有激情的员工更能创新吗——认知视角下的调节中介模型［J］．科技进步与对策，2019，36（12）：137-144．

［45］简兆权，曾经莲，柳仪．基于吸收能力调节中介作用的外部组织整合与新服务开发绩效研究［J］．管理学报，2018，15（9）：1327-1336．

［46］简兆权，陈键宏，郑雪云．网络能力、关系学习对服务创新绩效的影响研究［J］．管理工程学报，2014，28（3）：91-99．

［47］简兆权，吴隆增，黄静．吸收能力、知识整合对组织创新和组织绩

效的影响研究［J］．科研管理，2008，29（1）：80-86．

［48］江静，董雅楠，杨百寅．工作绩效的提升需要批判性思维？——一个被调节的中介模型检验［J］．科学学与科学技术管理，2019（4）：137-149．

［49］蒋旵洁，张绿漪，黄庆．工作激情研究述评与展望［J］．外国经济与管理，2017，39（8）：85-101．

［50］焦豪，魏江，崔瑜．企业动态能力构建路径分析：基于创业导向和组织学习导向［J］．管理世界，2008（4）：91-106．

［51］焦豪，邬爱其，张样．企业 IT 能力度量与功效——本土模型的构建和实证研究［J］．科学学研究，2008，26（3）：596-603．

［52］解学梅，吴永慧，徐雨晨．女性创业者自恋人格与新创企业绩效关系研究——政治关联和创业激情的调节作用［J］．研究与发展管理，2021，33（5）：13-24．

［53］金芙蓉，罗守贵．产学研合作绩效评价指标体系研究［J］．科学管理研究，2009，29（3）：46-68．

［54］况志军．基于动态能力视角的 IT 能力与持续竞争优势研究［J］．科技进步与对策，2006（10）：115-117．

［55］黎常，朱玥．创业激情对创业坚持行为的影响机制研究［J］．科研管理，2018，39（9）：137-145．

［56］李柏洲，董媛媛．基于层次分析法的我国大型企业原始创新能力评价研究［J］．科技进步与对策，2010（1）．

［57］李灿．市场调查问卷的设计艺术［J］．统计与决策，2007，23（7）：76-77．

［58］李成龙，刘智跃．产学研耦合互动对创新绩效影响的实证研究［J］．科研管理，2013，34（3）：23-30．

［59］李春涛，闫续文，宋敏，等．金融科技与企业创新——新三板上市

公司的证据［J］.中国工业经济，2020，38（1）：81-98.

［60］李纲，陈静静，杨雪.网络能力、知识获取与企业服务创新绩效的关系研究——网络规模的调节作用［J］.管理评论，2017，29（2）：59-68.

［61］李国强，孙遇春，胡文安，任浩.企业网络能力对双元创新的影响机制——企业间网络位置跃迁视角［J］.科技进步与对策，2019，36（13）：81-88.

［62］李怀祖.管理研究方法论［M］.西安：西安交通大学出版社，2000.

［63］李雷鸣，于跃，刘丙京.基于AHP—熵值法的青岛市产学研合作创新绩效评价研究［J］.科技管理研究，2014，34（15）：40-43+49.

［64］李随成，杨功庆.IT能力及信息共享对企业间研发合作的影响研究［J］.科研管理，2008，29（4）：55-63.

［65］李田伟.云南民族地区大学生自我效能感调查分析［J］.教育观察，2021（42）：11-14.

［66］李婉红，毕克新，艾明晔.制造企业IT资源—IT能力对工艺创新的驱动研究［J］.中国科技论坛，2011（9）：37-42.

［67］李晏，杨保军.网络嵌入、吸收能力与企业绩效——基于甘宁青老字号企业的实证研究［J］.管理现代化，2022，42（1）：117-122.

［68］李悦.组织创新导向的内涵及其对组织创新绩效的影响研究［J］.中国科技论坛，2012（11）：5-10.

［69］李贞，杨洪涛.吸收能力、关系学习及知识整合对企业创新绩效的影响研究——来自科技型中小企业的实证研究［J］.科研管理，2012，33（1）：79-89.

［70］刘和东，钱丹.产学研合作绩效的提升路径研究——以高效技术企业为对象的实证分析［J］.科学学研究，2016，34（5）：704-711.

［71］刘娟，赵晴晴，董维维.IT驱动的知识吸收能力对企业突破性创

新的作用机理——基于组织任务环境的调节效应 [J]. 预测，2021，40（4）：74-80.

[72] 刘钧霆，张欣童，佟继英. 文化距离、吸收能力与出口贸易技术溢出——基于跨国数据的实证 [J]. 企业经济，2022，41（3）：123-132.

[73] 刘兰剑. 网络能力、网络地位与创新绩效——产业控制力来源的另一个视角 [J]. 科研管理，2014，35（12）：17-25.

[74] 刘鹏程，孙新波，张大鹏，等. 组织边界跨越能力对开放式服务创新的影响研究 [J]. 科学学与科学技术管理，2016，37（11）：136-151.

[75] 刘小娟，邓春平，王国锋，等. 基于角色重载与知识获取的 IT 员工跨边界活动对工作满意度的影响 [J]. 管理学报，2015，12（9）：1402-1412.

[76] 刘小真，梁越，刘校惠，麻智辉，李志萌. 江西省企业产学研合作的模式及影响因素分析 [J]. 科技管理研究，2010（6）：91-93.

[77] 刘学元，丁雯婧，赵先德. 企业创新网络中关系强度、吸收能力与创新绩效的关系研究 [J]. 南开管理评论，2016，19（1）：30-42.

[78] 刘洋，魏江，江诗松. 后发企业如何进行创新追赶？——研发网络边界拓展的视角 [J]. 管理世界，2013，29（3）：96-110.

[79] 罗纳德科斯. 企业的性质 [C] //企业的经济性质 [A]. 上海：上海财经大学出版社，2000.

[80] 马庆国. 中国管理科学研究面临的几个关键问题 [J]. 管理世界，2002（8）：105-115+140.

[81] 马文聪，叶阳平，徐梦丹，朱桂龙. "两情相悦" 还是 "门当户对"：产学研合作伙伴匹配性及其对知识共享和合作绩效的影响机制 [J]. 南开管理评论，2018（6）：95-106.

[82] 马艳峰，王雅林. 基于 IT 能力的企业信息化非技术影响因素研究 [J]. 商业研究，2006（13）：59-63.

[83] 牛秀红，刘海滨，周佳宁. 西部典型城市创新效率测算及影响因素

路径分析［J］. 中国科技论坛，2019（4）：111-123.

［84］欧阳涛. 创业激情感知对员工情感认同的影响研究［D］. 蚌埠：安徽财经大学，2017.

［85］欧阳桃花，丁玲，郭瑞杰. 组织边界跨越与 IT 能力的协同演化：海尔信息系统案例［J］. 中国工业经济，2012，30（12）：128-140.

［86］庞博，邵云飞，王思梦. 联盟组合管理能力与企业创新绩效：结构洞与关系质量的影响效应［J］. 技术经济，2018，37（6）：48-56.

［87］钱锡红，杨永福，徐万里. 企业网络位置、吸收能力与创新绩效——一个交互效应模型［J］. 管理世界，2010，36（5）：118-129.

［88］乔建中. 情绪研究：理论与方法［M］. 南京：南京师范大学出版社，2003.

［89］秦伟平，赵曙明，周路路，李晋. 真我型领导与员工创造力：中介性调节机制［J］. 管理科学学报，2016，19（12）：83-94.

［90］任胜钢，舒睿. 创业者网络能力与创业机会：网络位置和网络跨度的作用机制［J］. 南开管理评论，2014，23（1）：123-133.

［91］任胜钢. 企业网络能力结构的测评及其对企业创新绩效的影响机制研究［J］. 南开管理评论，2010，13（1）：69-80.

［92］任宗强，吴志岩. 创新网络中的异质性、匹配度与能力动态仿真研究［J］. 科学学与科学技术管理，2012（8）.

［93］商燕劼，庞庆华，李晓峰. 创新激情、知识分享意愿对员工创造力的影响——心理安全感的调节作用［J］. 技术经济，2019，38（3）：8-16+121.

［94］邵学峰，杨圣奎. 企业边界：静态决定模型及动态演变［J］. 税务与经济，2007（5）：17-22.

［95］宋晶，陈菊红，孙永磊. 网络能力与合作创新绩效的关系研究——文化异质性的作用［J］. 管理评论，2015，27（2）：35-42.

［96］宋水正，邵云飞．联盟组合中焦点企业的网络能力对创新绩效的影响——吸收能力的中介作用［J］．技术经济，2021，40（11）：23-34．

［97］苏郁锋，吴能全．创业激情对创业者说服投资人的作用机理——基于说服理论的中介模型［J］．财经问题研究，2015，37（11）：60-65．

［98］苏州．基于多维分层的产学研合作绩效评价模型研究［J］．南京理工大学学报，2018，42（6）：747-755．

［99］孙甫丽，蒋春燕．自我决定视角下创新氛围、和谐型激情与员工持续创新行为研究［J］．科技进步与对策，2019，36（10）：138-145．

［100］孙骞，欧光军．双重网络嵌入与企业创新绩效——基于吸收能力的机制研究［J］．科研管理，2018（5）．

［101］孙婧．企业吸收能力与技术创新关系实证研究［D］．吉林：吉林大学，2013．

［102］孙卫，刘民婷．基于DEA方法的产学研合作效率评价研究——以陕西省制造业为例［J］．科学学与科学技术管理，2011（3）：11-15．

［103］孙卫，王彩华，刘民婷．产学研联盟中知识转移绩效的影响因素研究［J］．科学学与科学技术管理，2012，33（8）：58-65．

［104］孙永磊，党兴华，宋晶．基于网络惯例的双元能力对合作创新绩效的影响［J］．管理科学，2014（2）：38-47．

［105］唐乐，段异兵．产学研合作的治理机制设计［J］．科学学与科学管理技术，2007，28（12）：45-49．

［106］田也壮，方淑芬．组织边界及部门间边界机理研究［J］．系统工程学报，2001，15（4）：389-393．

［107］田一笑．人格特质对基层警务人员工作绩效的影响［D］．北京：中国人民公安大学，2020．

［108］屠兴勇，王泽英，张琪，何欣．基于动态环境的网络能力与渐进式创新绩效：知识资源获取的中介作用［J］．管理工程学报，2019，33（2）：

42-49.

［109］屠兴勇．知识视角的组织：概念、边界及研究主题［J］．科学学研究，2012，30（9）：1378-1387.

［110］王浩，梁耀明．产学研合作绩效评价研究综述［J］．科技管理研究，2011，31（11）：56-61.

［111］王丽君，陈韬，王益谊．吸收能力对省级创新产出的空间溢出效应研究：基于空间计量模型［J］．科技管理研究，2022，42（5）：18-27.

［112］王丽平，何亚蓉．互补性资源、交互能力与合作创新绩效［J］．科学学研究，2016，34（1）：132-141.

［113］王丽平，栾慧明．组织距离、价值共创与产学研合作创新绩效［J］．管理学报，2019，16（5）：704-711.

［114］王林．企业网络能力与竞争绩效相关性分析：基于探索性学习的中介效应［J］．商业经济研究，2021（19）：122-125.

［115］王涛．组织跨界融合：结构、关系与治理［J］．经济管理，2022（4）：193-208.

［116］王庭东，韩斌．论企业的合理边界——兼析对微软公司的分析［J］．经济问题，2001（2）：44-46.

［117］王秀丽，王利剑．产学研合作创新效率的 DEA 评价［J］．统计与决策，2009，25（3）：54-56.

［118］王永成，高晓杰．产学研协同创新的体制机制研究及绩效评价分析［J］．创新科技，2017（11）：29-33.

［119］魏小林．组织边界跨越能力对 KIBS 企业开放式服务创新的影响研究——知识整合的中介效应［D］．沈阳：东北大学，2015.

［120］魏昕，张志学．团队的和谐型创新激情：前因、结果及边界条件［J］．管理世界，2018，34（7）：100-113+184.

［121］吴明隆．问卷统计分析实务——SPSS 的操作与应用［M］．重庆：

重庆大学出版社，2010.

[122] 吴小康，于津平．产品关联密度与企业新产品出口稳定性［J］．世界经济，2018，41（7）：122-147.

[123] 吴晓波，胡保亮，蔡荃．运用 IT 能力获取竞争优势的框架与路径研究［J］．科研管理，2006（5）：53-58.

[124] 吴悦，顾新．产学研协同创新的知识协同过程研究［J］．中国科技论坛，2012，28（10）：17-23.

[125] 项国鹏，吴泳琪，周洪仕．核心企业网络能力、创新网络与科创型特色小镇发展——以杭州云栖小镇为例［J］．科技进步与对策，2021，38（3）：50-59.

[126] 肖丁丁，朱桂龙，戴勇．R&D 投入与产学研绩效关系的实证研究［J］．管理学报，2011，8（5）：706-712.

[127] 谢明磊，刘德胜．发展型绩效考核与科技型中小企业开放式创新——一个有调节的中介效应模型［J］．管理评论，2021，33（2）：142-152.

[128] 谢卫红，成明慧，王田绘，等．IT 能力对企业吸收能力的影响机理研究——基于 IT 治理的视角［J］．研究与发展管理，2015，27（6）：125-134.

[129] 谢卫红，王田绘，成明慧，王永健．IT 能力、二元式学习和突破式创新关系研究［J］．管理学报，2014，11（7）：1038-1045.

[130] 谢雅萍，陈小燕，叶丹容．创业激情有助于创业成功吗？［J］．管理评论，2016，28（11）：171-181.

[131] 谢志宇．产学合作绩效影响因素研究［D］．杭州：浙江大学，2004.

[132] 邢乐斌，任春雪，曾琼．开放度组合策略与创新绩效类型匹配关系研究——吸收能力的调节效应［J］．科技进步与对策，2021，38（1）：18-25.

[133] 邢小强，仝允桓．网络能力：概念、结构与影响因素分析［J］．

科学学研究，2006（S2）：558-563.

　　［134］徐国东，郭鹏，于明洁．产学研合作中的网络能力对知识转移影响的实证研究［J］．情报杂志，2011，30（7）：99-103.

　　［135］徐佳，魏玖长，王帅，赵定涛．开放式创新视角下区域创新系统演化路径分析［J］．科技进步与对策，2017，34（5）：25-34.

　　［136］徐金发，许强，王勇．企业的网络能力剖析［J］．外国经济与管理，2001（11）：21-25.

　　［137］徐蕾，魏江．集群企业跨边界网络整合与二元创新能力共演——1989—2011年的纵向案例研究［J］．科学学研究，2013，31（7）：1093-1102.

　　［138］徐启雄，贾广社，胡毅，王雪莹．重大工程项目网络边界跨越行为及其绩效影响机制研究——项目能力的中介作用［J］．软科学，2022，36（3）：9-15.

　　［139］徐树鹏．基于科技创新的产学研合作成效提升研究——评《产学研合作成效及其提升路径》［J］．科技管理研究，2022，42（4）：100-104.

　　［140］徐映梅．市场调查理论与方法［M］．北京：高等教育出版社，2018.

　　［141］薛澜，姜李丹，黄颖，梁正．资源异质性、知识流动与产学研协同创新——以人工智能产业为例［J］．科学学研究，2019，37（12）：2241-2251.

　　［142］薛卫．合作治理、组织学习对产学研合作绩效影响的实证研究［D］．北京：清华大学，2010.

　　［143］杨付，张丽华．团队成员认知风格对创新行为的影响：团队心理安全感和工作单位结构的调节作用［J］．南开管理评论，2012，15（5）：13-25.

　　［144］杨皎平，戴万亮，李豪．人岗匹配、资源赋能与平台企业员工创新激情［J］．科研管理，2022，32（10）：1-8.

　　［145］杨皎平，张珺，孙珊．研发团队包容型人力资源管理实践对员工

和谐型创新激情的影响研究 [J]. 中国人力资源开发, 2021, 38 (8): 21-36.

[146] 杨荣. 网络能力的竞争优势——基于经济租金的视角 [J]. 商业经济研究, 2017, 36 (8): 87-90.

[147] 杨锐, 张时乐, 芮明杰. 基于关键资源视角的垂直网络组织及治理机制 [J]. 中国工业经济, 2011 (7): 44-53.

[148] 杨仕元, 卿涛, 岳龙华. 从支持感到员工创造力——二元工作激情的联合调节作用 [J]. 科技进步与对策, 2018, 35 (4): 108-117.

[149] 杨秀文. 吸收能力与外资科技创新溢出的门槛特征分析 [J]. 科学学与科学技术管理, 2011, 32 (3): 57-66.

[150] 姚山季, 金晔, 王万竹. IT 能力、界面管理与顾客创新 [J]. 管理学报, 2013, 10 (10): 1528-1534.

[151] 叶英平. 产学合作中网络权力、网络惯例与创新绩效关系研究 [D]. 长春: 吉林大学, 2017.

[152] 殷国鹏, 陈禹. 基于资源观的企业 IT 能力理论及实证研究 [J]. 南开管理评论, 2007, 10 (1): 26-31.

[153] 于海云, 许希, 商燕劼. 创业激情能够激发员工的创造力吗? 基于情绪与认知的双重机制研究 [J]. 科技管理研究, 2022, 42 (7): 153-162.

[154] 余元春, 顾新, 陈一君. 产学研技术转移 "黑箱" 解构及效率评价 [J]. 科研管理, 2017 (4): 28-37.

[155] 张宝建, 孙国强, 裴梦丹, 齐捧虎. 网络能力、网络结构与创业绩效——基于中国孵化产业的实证研究 [J]. 南开管理评论, 2015, 18 (2): 39-50.

[156] 张丹, 宋林, 魏薇, 陈迪. 孵化网络治理机制对企业创新绩效的影响——网络能力的中介效应 [J]. 科技进步与对策, 2019, 36 (5): 73-78.

[157] 张德茗, 李艳. 科技型中小企业潜在知识吸收能力和实现知识吸收

能力与企业创新绩效的关系研究［J］.研究与发展管理，2011，23（3）：56-67.

［158］张刚，等.企业组织网络化发展［M］.杭州：浙江大学出版社，2005.

［159］张剑，宋亚辉，叶岚，等.工作激情研究：理论及实证［J］.心理科学进展，2014，22（8）：1269-1281.

［160］张琳.上海市产学研合作创新的障碍因素分析［J］.科技进步与对策，2010，27（13）：116-121.

［161］张米尔，武春友.技术经济学［M］.大连：大连理工大学出版社，2004.

［162］张钦，薛海丽，唐海萍.问卷调查法在可持续生计框架中的应用［J］.统计与决策，2019，35（16）：78-83.

［163］张嵩，黄立平.基于资源观的企业信息技术能力分析［J］.同济大学学报（社会科学版），2003，14（4）：52-56.

［164］张嵩，黄立平.战略IT能力的内涵剖析［J］.情报杂志，2003，22（4）：33-35.

［165］张万宽.高新技术领域的产学研技术联盟绩效研究——基于资源依附和交易成本的分析视角［J］.科技进步与对策，2008（6）：12-16.

［166］张秀峰，陈光华，胡贝贝，杨国梁.企业生命周期对产学研合作创新绩效的影响［J］.中国科技论坛，2015（6）：44-48.

［167］张秀峰，陈光华，杨国梁，刘霞.企业所有权性质影响产学研合作创新绩效了吗？［J］.科学学研究，2015，33（6）：934-942.

［168］张永成，郝冬冬，王希.国外开放式创新理论研究11年：回顾、评述与展望［J］.科学学与科学技术管理，2015（3）：13-22.

［169］赵斌，韩盼盼.基于扎根理论的员工主动创新行为双路径产生机制研究［J］.管理学报，2016，13（7）：1003-1011.

［170］赵付春，周佳雯．互联网环境下 IT 资源和能力的绩效影响研究［J］．科技管理研究，2016，36（5）：161-165.

［171］赵宏玉，王红霞．自我决定理论研究述评［J］．开封文化艺术职业学院学报，2021（1）：5-7.

［172］赵爽，刘庆贤．企业网络能力的维度构建研究——概念内涵及结构［J］．现代管理科学，2011（7）：49-50+53.

［173］郑晶晶．问卷调查法研究综述［J］．理论观察，2014，100（10）：102-103.

［174］钟竞，朱欣欣，罗瑾琏．团队跨边界行为与新产品开发绩效：设计创新能力的中介效应［J］．科技进步与对策，2019，36（8）：75-82.

［175］周键．"情绪—行为—绩效"视角的创业激情研究［J］．科研管理，2022，43（1）：200-208.

［176］周江华，刘宏程，仝允桓．企业网络能力影响创新绩效的路径分析［J］．科研管理，2013，34（6）：58-67.

［177］朱俊杰，徐承红．区域创新绩效提升的门槛效应——基于吸收能力视角［J］．财经科学，2017，39（7）：116-128.

［178］朱秀梅，陈琛，蔡莉．网络能力、资源获取与新企业绩效关系实证研究［J］．管理科学学报，2010，13（4）：44-56.

［179］朱秀梅，陈琛，杨隽萍．新企业网络能力维度检验及研究框架构建［J］．科学学研究，2010，28（8）：1222-1229.

［180］朱秀梅，董钊．创业叙事对团队创业激情的影响研究［J］．管理学报，2021，18（4）：569-577.

［181］Adams J D，Chiang E P．Industry-university cooperative research centers［J］．The Journal of Technology Transfer，2001，12（3）：98-116.

［182］Adler P S，Kwon S W．Social capital：prospects for a new concept［J］．The Academy of Management Review，2002，27（1）：17-40.

[183] Ajzen I. The theory of planned behavior [J]. Organizational behavior and human decision processes, 1991, 50 (2): 179-211.

[184] Aldrich H, Herker D. Boundary spanning roles and organization structure [J]. Academy of Management Review, 1977, 2 (2): 217-230.

[185] Anat Drach-Zahavy. From an intrateam to an interteam perspective of effectiveness: the role of interdependence and boundary activities [J]. Small Group Research, 2010, 41 (2): 143-174.

[186] Ancona D G, Caldwell D F. Bridging the boundary: external activity and performance in organizational teams [J]. Administrative Science Quarterly, 1992, 37 (4): 634-665.

[187] Andersen P H, Kragh H, Lettl C. Spanning organizational boundaries to manage creative processes: The case of the LEGO group [J]. Industrial Marketing Management, 2013, 42 (1): 125-134.

[188] Ankrah S, Al T O. Universities-industry collaboration: a systematic review [J]. Scandinavian Journal of Management, 2015, 31 (3): 387-408.

[189] Atuahene-Gima K. The effects of centrifugal and centripetal forces on product development speed and quality: How does problem solving matter? [J]. Academy of Management Journal, 2003, 46 (3): 359-373.

[190] Bakan I, Sekkeli Z H. Types of information technology capability and their impacts on competitiveness [J]. Research Journal of Business and Management, 2017, 4 (2): 212-220.

[191] Bandura, A. Social foundations of thought and action [M]. Englewood Cliffs, N J. 1986.

[192] Bandura. Self-efficacy mechanism in human agency [J]. American Psychologist, 1982 (37): 122-147.

[193] Barer P B, Grandey A A. Service with a smile and encounter satisfac-

tion: emotional contagion and appraisal mechanisms [J]. Academy of management journal, 2006, 49 (6): 1229-1238.

[194] Baum J R, Locke E A, Smith K G. A multidimensional model of venture growth [J]. Academy of Management Journal, 2001, 44 (2): 292-303.

[195] Bharadw A S. A resource based perspective on information technology capability and firm performance: An empirical investigation [J]. MIS Quarterly, 2000, 24 (1): 169-196.

[196] Bonneville A L. When passion leads to excellence: The case of musicians [J]. Psychology of Music, 2011, 39 (4): 123-138.

[197] Bosch F A, Volberda H W, Boer M D, 1999. Coevolution of firm absorptive capacity and knowledge environment: Organizational forms and combinative capabilities [J]. Organization Science, 10 (5): 551-568.

[198] Byrd T A, Turner D E. Measuring the flexibility of information technology infrastructure: exploratory analysis of a construct [J]. Journal of Management Information Systems, 2000, 17 (1): 167-208.

[199] Cardon M S, Foo M, Shepherd D, et al. Exploring the heart: entrepreneurial e - motion is a hot topic [J]. Entrepreneurship Theory and Practice, 2012, 36 (1): 1-10.

[200] Cardon M S, Gregoire D A, Stevens C E, et al. Measuring entrepreneurial passion: Conceptual foundations and scale validation [J]. Journal of Business Venturing, 2013, 28 (3): 373-396.

[201] Cardon M S, Post C, Forster W R. Team entrepreneurial passion: its emergence and influence in new venture teams [J]. Academy of Management Review, 2017, 42 (2): 283-305.

[202] Cardon M S, Wincent J, Singh J, et al. The nature and experience of entrepreneurial passion [J]. Academy of Management Review, 2009, 34 (3):

511-532.

[203] Cardon M S, Zietsma C, Saparito P, et al. A tale of passion: New insights into entrepreneurship from a parenthood metaphor [J]. Journal of Business venturing, 2005, 20 (1): 23-45.

[204] Cast A D. Well-being and the transition to Parenthood: An Identity theory Approach [J]. Sociological Perspective, 2004, 47 (1): 55-78.

[205] Cervone D , Peake P K. Anchoring, efficacy, and action: The influence of judgmental heuristics on self-efficacy judgments and behavior [J]. Journal of personality and social psychology, 1986 (3): 492-501.

[206] Chae H, Park J. Interactive effects of employee and coworker general self-efficacy on job performance and knowledge sharing [J]. Social Behavior and Personality: An International Journal, 2020 (7): 1-11.

[207] Chen J, Mc Queen R J. Knowledge transfer processes for different experience levels of knowledge recipients at an offshore technical support center [J]. Information Technology & People, 2010, 23 (1): 54-79.

[208] Chen X P, Yao X, Kotha S. Entrepreneur passion and preparedness in business plan presentations: a persuasion analysis of venture capitalists' funding decisions [J]. Academy of Management Journal, 2009, 52 (1): 199-214.

[209] Chesbrough H W. Open innovation: the new imperative for creating and profiting from technology [M]. Boston: Harvard Business school Publishing, 2003.

[210] Chesbrough H, Bogers M. Explicating open innovation: clarifying an emerging paradigm for understanding innovation [J]. Social Science Electronic Publishing, 2014 (1): 3-28.

[211] Chesbrough, Henry, Brunswicker, Sabine. A fad or a phenomenon? the adoption of open innovation practices in large firms [J]. Research Technology Management, 2014, 57 (2).

[212] Cockbum I M, Henderson R & Stem S. Untangling the origins of competitive advantage [J]. Administrative Science Quarterly, Entrepreneurship and dynamie, 1990 (35): 128-152.

[213] Cohen W M, Levinthal D A. Absorptive capacity: A new perspective on learning and innovation [J]. Administrative Science Quarterly, 1990, 35 (1): 128-152.

[214] Cohen W M, Levinthal D A. Fortune favors the prepared firm [J]. Management Science, 1994, 40 (4): 227-251.

[215] Cohen W M, Levinthal D A. Innovation and learning: the two faces of R & D [J]. Economic Journal, 1989, 99 (3): 569-596.

[216] Collis D J. Research note: how valuable are organizational capabilities [J]. Strategic Management Journal, 1994, 15 (1): 143-152.

[217] Deci E L & Ryan R M. Handbook of self-Determination research [M]. Rochester, NY: University of Rochester Press, 2002.

[218] Du W, Pan S L. Boundary spanning by design: Toward aligning boundary-spanning capacity and strategy in IT outsourcing [J]. Engineering Management, 2013, 60 (1): 59-76.

[219] Elliot A J, Mcgregor H A, Gable S A. Chievement goals, study strategies, and exam performance: A mediational analysis [J]. Journal of educational psychology, 1999 (3): 549-563.

[220] Enkel E, Heil S. Preparing for distant collaboration: Antecedents to potential absorptive capacity in cross-industry innovation [J]. Tech innovation, 2014, 34 (4): 242-260.

[221] Flatten, Tessa C, et al. A measure of absorptive capacity: scale development and validation [J]. European Management Journal, 2011 (29).

[222] Freeman J H. The unit of analysis in organizational research [C]. Mar-

shall W. Meyer, ed., Environments and Organizations. San Francisco, CA: Jossey-Bass, 1978.

[223] Friedman R A, Podolny J. Differentiation of boundary spanning roles: Labor negotiations and implications for role conflict [J]. Administrative Science Quarterly, 1992, 37 (1): 28-47.

[224] Galan M V, Plewa C. What drives and inhibits university-business cooperation in Europe? A comprehensive assessment [J]. R & D Management, 2016, 46 (2): 369-382.

[225] Gavetti G & Levinthal D. Looking forward and look backward: Cognitive and experiential search [J]. Administrative Science Quaerly, 2000, 45 (1): 113-137.

[226] Geisler E. Industry-university technology cooperation's theory of inter-organizational relationships [J]. Technology Analysis Strategic Management, 1995, 43 (5): 77-89.

[227] Granovetter M. Economic action and social structure: The problem of emb-eddedness [J]. American Journal of Sociology, 1985, 91 (3): 481-510.

[228] Grant R M. The resource-based theory of competitive advantage: implications for strategy formulation [J]. California management review, 1991, 33 (3): 114-135.

[229] Hayek F. The use of knowledge in society [J]. american economic review, 1945 (35): 519-530.

[230] Hemmert M, Bstieler L, Okamuro H. Bridging the cultural divide: trust formation in university-industry research collaborations in the US, Japan, and South Korea [J]. Tech innovation, 2014, 34 (10): 605-616.

[231] Henry Chesbrough, James Euchner. Open services innovation: an interview with henry chesbrough [J]. Research-Technology Management, 2011,

54 (2).

[232] Herve Dumez, Alain Jeunemaitre. The management of organizational boundaries: A case study [J]. Management, 2010, 3 (10): 151-171.

[233] Hirschhorn L & Gilmore T. The new boundaries of the "Boundaryless" Company [J]. Harward Business Review, 1992, 70 (3): 104-115.

[234] Ho V T, Pollack J M. Passion isn't always a good thing: Examining entrepreneurs' network centrality and financial performance with a dualistic model of passion [J]. Journal of Management Studies, 2014, 51 (3): 433-459.

[235] Huang J C, Newell S, Pan S L. The process of global knowledge integration: a case study of a multinational investment bank's Y2K program [J]. European Journal of Information Systems, 2001, 10 (3): 161-174.

[236] Hubner S, Baum M, Frese M. Contagion of entrepreneurial passion: effects on employee outcomes [J]. Entrepreneurship Theory and Practice, 2020, 44 (6): 1112-1140.

[237] Idris A, See D, Coughlan P. Employee empowerment and job satisfaction in urban Malaysia Connecting the dots with context and organizational change management [J]. Journal of organizational change management, 2018, 31 (3): 697-711.

[238] Jacob M, Tomas H, Adler N, et al. From sponsorship to partnership in academy-industry relations [J]. R & D Management, 2010, 30 (3): 255-262.

[239] Jansen J J P, Van Den Bosch F A J, Vokberda H W. Managingpotential and realized absorptive capacity: how do organizational antecedents matter? [J]. Academy of Management Journal, 2005, 48 (6): 999-1015.

[240] Jonsson K, Holmstrom J, Lyytinen K. Turn to the material: remote diagnostics systems and new forms of boundary-spanning [J]. Information and Organization, 2009, 19 (4): 233-252.

[241] Joshi A, Pandey N, Han G H. Bracketing team boundary spanning: An examination of task-based, team-level, and contextual antecedents [J]. Journal of Organizational Behavior, 2009, 30 (6): 731-759.

[242] Kang J H, Matusik J G, Kim T Y, et al. Interactive effects of multiple organizational climates on employee innovative behavior in entrepreneurial firms: a cross-level investigation [J]. Journal of Business Venturing, 2016, 31 (6): 628-642.

[243] Kast F E & Rosenzweig J E. Organization and management: a systems and contingency approach [M]. New York: McGraw-Hill, 1970.

[244] Kedia B L, Bhagat R S. Cultural constraints on transfer of technology across nations: Implications for research in international and comparative management [J]. Academy of Management Review, 1988, 13 (1): 559-571.

[245] Kessler E H, Bierly P E, Gopalakrishnan S. Internal vs external learning in new product development: Effects on speed, costs and competitive advantage [J]. R & D Management, 2000, 30 (3): 213-224.

[246] Kim Y J, Song S, Sambamurthy V, et al. Entrepreneurship, knowledge integration capability, and firm performance: An empirical study [J]. Information Systems Frontiers, 2012, 14 (5): 1047-1060.

[247] Kimble C, Grenier S, Goglio P K. Innovation and knowledge sharing across professional boundaries: Political interplay between boundary objects and brokers [J]. International Journal of Information Management, 2010, 30 (5): 437-444.

[248] Knight G A, Liesch P W. Internationalization: from incremental to born global [J]. Journal of World Business, 2016 (51): 93-102.

[249] Kodama M. Innovation through boundary management—a case study in reforms at Matsushita electric [J]. Technovation, 2007, 27 (1): 15-29.

[250] Kong D T. The pathway to unethical pro-organizational behavior: organizational identification as a joint function of work passion and trait mindfulness [J]. Personality & Individual Differences, 2016, 93 (4): 86-91.

[251] Kostopoulos K, Papalexandris A, Papachroni M, et al. Absorptive capacity, innovation and financial performance [J]. Journal of Business Research, 2011, 64 (12): 1335-1343.

[252] Laaksonen L, Ainamo A, Karjalainen T. Entrepreneurial passion: An explorative case study of four metal music ventures [J]. Journal of Research in Marketing & Entrepreneurship, 2011, 13 (1): 18-36.

[253] Lane P J, Salk J E, Lyles M A. Absorptive capacity, learning, and performance in international joint ventures [J]. Strategic Management Journal, 2001, 22 (12): 1139-1161.

[254] Lane P J. The reification of absorptive capacity: a critical review and rejuvenation of the construct [J]. Academy of Management Review, 2006, 31 (4): 833-863.

[255] Lehtonen P, Martinsuo M. Change program initiation: Defining and managing the program-organization boundary [J]. International Journal of Project Management, 2008, 26 (1): 21-29.

[256] Levina N, Vaaste E. The emergence of boundary spanning competence in practice: Implications for information systems' implementation use [J]. MIS Quarterly, 2005, 29 (2): 335-363.

[257] Lewin A Y, Massini S, Peeters C. Micro foundations of internal and external absorptive capacity routines. [J]. Organization Science, 2011, 22 (1): 81-98.

[258] Li J J, Chen X P, Kotha S, et al. Catching fire and spreading it: A glimpse in to displayed entrepreneurial passion in crowdfunding campaigns [J].

Journal of Applied Psychology, 2017, 102 (7): 1075.

[259] Lichtenthaler U. Absorptive capacity, environmental turbulence, and the complementarity of organizational learning processes [J]. Academy of Management Journal, 2009, 52 (4): 822-846.

[260] Lowik S., et al. The team absorptive capacity triad: a confi gurational study of individual, enabling, and motivating factors [J]. Journal of Knowledge Management, 2016, 20 (5).

[261] Luthans F, Youssef C M, Avolio B J. Psychological capital: developing the human competitive edge [J]. Journal of AsianEconomics, 2007, 8 (2): 315-332.

[262] Man A P D, Duysters G. Collaboration and innovation: a review of the effects of mergers, acquisitions and alliances on innovation [J]. Technovation, 2005, 25 (12): 1377-1387.

[263] Marrone J A, Tesluk P E, Carson J B. A multilevel investigation of antecedents and consequences of team member boundary-spanning behavior [J]. Academy of Management Journal, 2007, 50 (6): 1423-1439.

[264] Marrone J A. Team boundary spanning: a multilevel review of past research and proposals for the future [J]. Journal of Management, 2010, 36 (4): 911-940.

[265] Milgrom P, Roberts J. The economics of modern manufacturing: Technology, strategy, and organization [J]. American Economic Review, 1990, 80 (3): 511-528.

[266] Moller K, Svahn S. Role of knowledge in value creation in business nets [J]. Journal of Management Studies, 2006, 43 (5): 985-1007.

[267] Moller, Halinen. Business relationships and networks: management challenge of network era [J]. Industrial Marketing Management, 1999, 28 (5):

413-427.

[268] Mora-Valentin E M, Montoro-Sanchez A, Guerras-Martin L A. Determining factors in the success of R & D cooperative agreements between firms and research organizations [J]. Research Policy, 2004, 33 (1): 1-40.

[269] Morgeson F P, Mitcheli. T R, Liu D. Event system theory: an event-oriented approach to the organizational sciences [J]. Academy of Management Review, 2015, 10 (1): 515-537.

[270] Murnieks C Y, Cardon M S, Sudek R, et al. Drawn to the fire: the role of passion, tenacity and inspirational leadership in angel investing [J]. Journal of Business Venturing, 2016, 31 (4): 468-484.

[271] Offermann L R, Bailey J R, Vasilopoulos N L, et al. The relative contribution of emotional competence and cognitive ability to individual and team performance [J]. Human Performance, 2004, 17 (2): 219-243.

[272] P N Subba. Narasimha strategy in turbulent environments: the role of dynamic competence [J]. Managerial and Decision Economics, 2001, (22): 201-202.

[273] Prahalad C K, Hamel G. The core competence of the corporation [J]. Harvard Business Review, 1990, 68 (3): 275-292.

[274] Priem R L, Butler J E. Is the resource-based view a useful perspective for strategic management research? [J]. Academy of Management Review, 2001, 26 (1): 22-40.

[275] Rajshree Agarwal et al. Knowledge transfer through inheritance: spin-out generation, development, and survival [J]. The Academy of Management Journal, 2004, 47 (4): 501-522.

[276] Ray G, Muhanna W A, Barney J B. Information technology and the performance of the customer service process: A resource-based analysis [J]. MIS

Quarterly, 2005, 29 (4): 625-652.

[277] Rigotti T, Schyns B, Mohr G. A short version of the occupational self-efficacy scale: structural and construct validity across five countries [J]. Journal of Career Assessment, 2008 (2): 238-255.

[278] Ritter T, Gemünden H G. Network competence: its impact on innovation success and its antecedents [J]. Journal of Business Research, 2003, 56 (9): 745-755.

[279] Ritter T, Gemunden H G. The impact of a company's business strategy on its technological competence, network competence and innovation success [J]. Journal of Business Research, 2004, 57 (5): 548-556.

[280] Ritter T, Wilkinson I F, Johnston W J. Measuring network competence: Some international evidence [J]. Journal of Business & Industrial Marketing, 2002, 17 (3): 119-138.

[281] Ross J W, Beath C M, Goodhue D L. Develop long-term competitiveness through IT assets [J]. Sloan Management Revie, 1996, 38 (1): 31-42.

[282] Rothaermel F T, Alexandre M T. Ambidexterity in technology sourcing: The moderating role of absorptive capacity [J]. Organization Science, 2009, 20 (4): 759-780.

[283] Schellenberg B J I, Bailis D S. Can passion be polyamorous? the impact of having multiple passions on subjective well-being and momentary emotions [J]. Journal of Happiness Studies, 2015, 16 (6): 1365-1381.

[284] Scott W R. Organizations: rational, natural, and open systems [M]. London: Routledge, 1992.

[285] Smilor R W. Entrepreneurship: refections on a subversive activity [J]. Journal of Business Venturing, 1997, 12 (5): 341-346.

[286] Spicer J. Making sense of multivariate data analysis [J]. Annals of

Pharmaco therapy, 2005, 46 (6): 812-821.

[287] Stock G N, Greis N P, Fischer W A. Absorptive capacity and new product development [J]. The Journal of High Technology Management Research, 2001, 12 (1): 77-91.

[288] Szulanski G. Exploring internal stickiness: impediments to the transfer of best practice within the firm [J]. Strategic Management Journal, 1996, 17 (Special Issue): 27-43.

[289] Tasdoven H A. Theoretical approach to organizational failure: predisposition of public organizations to organizational failure [J]. Journal of Social Science, 2016, 23 (1): 57-70.

[290] Teece D J, Pisano G, Shuen A. Dynamic capabilities and strategic management [J]. Strategic Management Journal, 1997, 18 (7): 509-533.

[291] Teece D J. Profiting from technological innovation: Implications for integration, collaboration, licensing and public policy [J]. Research Policy, 1986, 15 (6): 285-305.

[292] Therasa C, Vijayabanu C. Person-job fit and the work commitment of IT Personnel [J]. Journal of Human Growth and Development, 2016, 26 (2): 218-227.

[293] Thompson J D. Organizations in action [M]. New York: Mc Graw Hill, 1967.

[294] Tippins M J, Sohi R S. IT competency and firm performance: Is organizational learning a missing link [J]. Strategic Management Journal, 2003, 24 (8): 745-761.

[295] Todorova G, Durisin B. Absorptive capacity: Valuing a reconceptualization [J]. Academy of Management Review, 2007, 32 (3): 774-786.

[296] Tsai W. Knowledge transfer in intraorganizational networks: effects of

network position and absorptive capacity on business unit innovation and performance [J]. Academy of Management Journal, 2001, 44 (5): 996-1004.

[297] Vallerand R J, Blanchard C, Mageau G A, et al. Les passions de lame: on obsessive and harmonious passion [J]. Journal of Personality & Social Psychology, 2003, 85 (4): 756-767.

[298] Vallerand R J, Houlfort N. Passion at work: toward a new conceptualization [J]. Social Issues in Management, 2003, 35 (3): 175-204.

[299] Walter A, Auer M, Ritter T. The impact of network capabilities and entrepreneurial orientation on university spin—off performance [J]. Journal of Business Venturing, 2006, 21 (4): 541-567.

[300] Wang C L and Ahmed P K. Dynamic capabilities: A review and research agenda [J]. International Journal of Management Review, 2007, 9 (1): 31-51.

[301] Winter S G. The satisfying principle in capability learning [J]. Strategic Management Journal, 2000, 21 (3): 981-996.

[302] Yu B, Hao S, Ahlstrom D, et al. Entrepreneurial firms' network competence, technological capability, and new product development performance [J]. Asia Pacific Journal of Management, 2014, 31 (3): 687-704.

[303] Zahra S A, George G. Absorptive capacity: a review, reconceptualization, and extension [J]. Academy of Management Review, 2002, 27 (2): 185-203.

[304] Zhang C, Viswanathan S, Henke J W. The boundary spanning capabilities of purchasing agents in buyer-supplier trust development [J]. Journal of Operations Management, 2011, 29 (4): 318-328.

[305] Zhang X, Zhang L. Study on the organizational boundaries of competence [C]. 2010 International Conference on Management and Service Science

［A］. IEEE，2010.

　［306］Zigrmi D，Galloway F J. Roberts T P. Work locus of control，motivational regulation，employee work passion，and work intentions：an empirical investigation of an appraisal model［J］. Journal of Happiness Studies，2018，19（1）：231-256.

后　记

从研究命题的选择到如今书稿的初现，其间掺杂了笔者太多的学术思维变化及曲折的心路历程。自博士毕业之后，笔者便一直致力于中小企业管理方面的研究工作，并期望能为我国中小企业发展贡献微薄之力。然而，学术上的研究拓展，有时并无法准确、及时捕捉实践中企业的切实变化。尤其是随着近年来全球经济格局变动及新冠肺炎疫情的交织影响，企业所面临的外部环境的复杂性及不确定性正持续加剧。在此背景下，继续讨论中小企业的生存及发展问题显得尤为重要。回顾国内外中小企业发展的规律可知，合作创新，尤其是集结企业、大学、科研机构等多方主体的产学研创新活动，应该也将必然成为中小企业突破创新"瓶颈"的关键路径。然而，几家欢喜几家愁，各创新主体在合作过程中的实际表现却差强人意，根本原因令人深思。为此，笔者团队在吸收、消化已有相关研究的基础上，从创新的开端——异质性知识的搜索这一微观视角入手，尝试探讨产学研合作过程中组织边界跨越能力对其合作创新绩效的影响机制。

当然，我们仍有一叶障目的担忧。本书尚无法完整、准确地刻画我国中小企业在产学研合作创新中的实践现状，甚至其结论的深度及广度均存在进一步验证的必要性。即使这样，笔者仍坚信创新激情的传染性，也希望以己之力感染研究团队，能够撇开凡尘、坚守初心，沉浸于中小企业创新研究领域的浩瀚星空中潜心摸索。

在书稿完成之际，笔者由衷感谢国家自然科学基金委及云南省人力资源和社会保障厅相关项目的大力资助，并衷心感谢本团队的王庆生、殷静然、赵彤玥、邓凯心、高祥茂、陈九岳等学生的大力支持。当然，受学术认知及时间精力所限，本书如有不妥之处，敬请各位读者不吝赐教、指正。

于东平

2022 年 7 月